100 neue Diktate
Klassen 5/6

Martina Kammerer
und
Corinna Kammerer

Ernst Klett Verlag
Stuttgart Düsseldorf Leipzig

Inhalt

Vorwort 5

Strategie: Mitsprechen

Übungsschwerpunkt: Doppelkonsonanten, auch ck und tz 13
Unter freiem Himmel / Fressen Frösche Kaugummi? / Zwei
Fahrraddiebe festgenommen / Leichtsinnige Spiele /
Schnurrende Göttinnen

Übungsschwerpunkt: Konsonantenhäufung 18
Gefährliche Weibchen / Das Gurkenglas / Lukas

Übungsschwerpunkt: unbezeichnete Länge 21
Nachrichten vom anderen Ende der Erde / Rasende Kinder /
So ein Pech!

Übungsschwerpunkt: h am Silbenanfang 24
Der neue rote Hocker / Schwein gehabt!

Übungsschwerpunkt: Wörter mit ie 26
Gesundheit!

Übungsschwerpunkt: Wörter mit qu 27
Ein Quarkrezept / Unbequeme Fluggäste

Übungsschwerpunkt: Wörter mit ß 29
Praktische Forschung / Alles Sperrmüll? / Gefährliche
Pflanzen an unseren Straßen

Übungsschwerpunkt: gemischt 32
Heute Nacht ist Hofkonzert / Wohin mit dem Dackel?

Strategie: Nachdenken, Proben anwenden

Übungsschwerpunkt: Großschreiben – Konkreta und Abstrakta 34
Mit Tempo 100 durch die Lüfte / Wasserski / Steinzeitmenschen

Übungsschwerpunkt: nominalisierte Verben 37
Die Hausordnung / Demo gegen Beton / Ein unheimliches Kribbeln /
Vom Aussterben bedroht / Ihr Knarren verriet sie

Übungsschwerpunkt: nominalisierte Adjektive 42
Der Beschützer der Armen / Wohin mit ihnen?/ Unheimliche Geräusche /
Wildschweine in Paris / So etwas Peinliches

Übungsschwerpunkt: Nomen mit Endbausteinen -heit, -keit, -nis, -schaft,
-tum, -ung 47
Öffentliche Einladung / Eine schöne Bescherung / Ein genialer Dummkopf

Übungsschwerpunkt: Adjektive als Bestandteil von Eigennamen 50
Sie laufen wie der geölte Blitz / Allein auf dem Stillen Ozean /
Bären in Schwaben?

Übungsschwerpunkt: Ableitungen von Orts- und Ländernamen auf -er 53
Letzte Nachrichten vom Greifswalder Bodden / Grüße aus
dem Pfälzer Wald

Übungsschwerpunkt: Großschreibung – gemischt 55
Es geht ums Überleben / Der Arme und der Reiche

Strategie: Nachdenken, Ableiten

Übungsschwerpunkt: Verben mit gleich und ähnlich klingenden
Konsonanten 57
   Melanies Tier / Jeder kriegt, was er verdient

Übungsschwerpunkt: Verben mit ä/äu 59
   Wenn es Jule nicht gäbe! / Winterträume

Übungsschwerpunkt: Verben mit silbentrennendem h 61
   Mein Computer geht nicht / Wehende Wäsche

Übungsschwerpunkt: Verben mit Doppelkonsonanten, auch ck und tz 63
   Wenn er kommt, tobt die Menge / Leben im All? / Wer gewinnt? / Im Zoo

Übungsschwerpunkt: Verben – gemischt 67
   Leben wie die Indianer / Ich freue mich, wenn du kommst

Übungsschwerpunkt: Doppelkonsonanten in zusammengesetzten Nomen ... 69
   Herrn Lemkes Kaninchen

Übungsschwerpunkt: -ig und -lich am Wortende 70
   Ein guter Rat

Übungsschwerpunkt: Gleich und ähnlich klingende Konsonanten 71
   Vorschlag für einen Ausflug / Ein übler Vorschlag / Rache ist süß

Übungsschwerpunkt: Wörter mit s/ss/ß 74
   Die Gänse und Enten ließen ihn nicht los / Der Außenseiter / Die
   Gladiatoren / Dünnes Eis / Der naschhafte Elefant / Schwierige
   Verständigung

Übungsschwerpunkt: Wörter mit ä und äu 80
   Wandern durch Amerika / Die berühmteste Frau der Welt /
   Der lästige, liebe Lars

Übungsschwerpunkt: Wörter mit silbentrennendem h 83
   Die mühsame Abfahrt / Vom Wind verweht

Übungsschwerpunkt: Wörter mit ie 85
   Die Zierde der Gemeinde

Strategie: Einprägen

Übungsschwerpunkt: Doppelvokale (aa/ee/oo) 86
   Ein Tag im Schnee / Überraschung am Waldsee / Schatzsuche
   in der Tiefsee

Übungsschwerpunkt: Wörter mit ai 89
   Die Rock-Fans / Die Kaiser von Köln

Übungsschwerpunkt: Wörter mit i am Silbenende 91
   Bei der Marine / Die Praline

Übungsschwerpunkt: Wörter mit unhörbarem h 93
   Zahnschmerzen / Omas erste Bahnfahrt

Übungsschwerpunkt: Wörter mit chs 95
   Wo Fuchs und Hase sich gute Nacht sagen / Nachwuchssorgen

Übungsschwerpunkt: Wörter mit v, x, y, ph, rh, th 97
   Der Schatz der Sphinx / Das Hexeneinmaleins / Die ersten Eisenbahnen /
   Die falsche Methode

Übungsschwerpunkt: Lernwörter – gemischt 101
   Reiseziel Paris / Die Geister der Ahnen

Zeichensetzung

Übungsschwerpunkt: Punkt, Frage- und Ausrufezeichen 103
Was tun?
Übungsschwerpunkt: Komma bei Aufzählung 104
Ostern / Eine merkwürdige Geschichte
Übungsschwerpunkt: wörtliche Rede 106
Das Kätzchen und die Stricknadeln / Ding Dong
Übungsschwerpunkt: Komma bei Relativsätzen 108
Der Brief, der in der Küche lag / Der Dackel, den keiner mehr wollte
Übungsschwerpunkt: Komma bei dass-Sätzen 110
Ein Amerikaner in Deutschland / Wie schön, dass es ihn gibt
Übungsschwerpunkt: Komma bei Aufzählung, Relativsätzen
und dass-Sätzen 112
Alte Freunde

Vorwort

Die Rechtschreibreform hat die deutsche Rechtschreibung in vielen Bereichen logischer und damit für Lernerinnen und Lerner leichter zugänglich gemacht. Dennoch muss die Rechtschreibung erlernt werden; Schülerinnen und Schüler müssen nach wie vor Schwierigkeiten überwinden, wenn sie fehlerfrei schreiben wollen.
Strategien können helfen, Rechtschreibprobleme zu isolieren und damit lösbar zu machen und die Schreibweise von Wörtern zu prüfen. Ein System solcher Strategien, die auf den gesamten deutschen Wortschatz angewendet werden können, hat Christine Mann entwickelt und in ihrem Buch „Selbstbestimmtes Rechtschreiblernen" dargestellt. Sie werden inzwischen im Unterricht an verschiedenen Schulformen erfolgreich eingesetzt und haben auch Eingang in mehrere Sprachbücher gefunden.* Da diese Strategien auch der vorliegenden Sammlung von Diktaten zugrunde liegen, werden sie im Folgenden kurz dargestellt.
Wie Schülerinnen und Schüler beim Rechtschreiben vorgehen können, richtet sich zunächst nach der Art der Wörter, die geschrieben werden sollen. Drei Gruppen sind zu unterscheiden: Mitsprechwörter, Nachdenkwörter und Lernwörter.

Mitsprechwörter
Etwa 50 % der Wörter in einem beliebigen Text werden Buchstabe für Buchstabe so geschrieben, wie die Lautfolge es erwarten lässt. Wo ein „b" gesprochen wird, wird ein „b" geschrieben, wo ein langes „e" gesprochen wird, wird im Normalfall ein „e" geschrieben usw.
Dazu kommen noch einige Konventionen hinsichtlich der Wiedergabe von Lauten in der Schrift: So wird ein langes „i" in offenen Silben überwiegend als „ie" geschrieben (dies ist also der Normalfall und muss nicht bei jedem Wort neu gelernt werden); wo zwei „k" gesprochen werden, wird „ck" geschrieben, gesprochenes „schp" am Anfang eines Grundbausteins wird durch „sp" dargestellt usw.
Auch die verschiedenen Schreibweisen des s-Lauts sind meistens beim Mitsprechen zu erkennen. Stimmhaftes „s" im Anlaut und stimmloses „s" im Auslaut werden normalerweise „s" geschrieben („Sonne", „Haus"). Stimmloses „s" am Silbenbeginn schreibt sich regelmäßig „ß" („bei·ßen"). „ss" schließlich sind Doppelkonsonanten wie „mm", „ll", „pp" und andere; in der Silbenfuge können sie beim Mitsprechen problemlos erkannt werden („Was·ser").
Wörter, in denen Laute so dargestellt werden, wie es dem Normalfall entspricht, nennen wir „Mitsprechwörter": Schülerinnen und Schüler können die Schreibweise dieser Wörter ermitteln, indem sie beim Schreiben langsam und in Silben gliedert „mitsprechen". Grundlage des Mitsprechens darf dabei jedoch nicht die individuelle, evtl. dialektal gefärbte Umgangssprache sein, sondern die „Pilotsprache" (auch „Rechtschreibsprache" genannt), die die Schreibweise der Wörter genauer

---
* Angelika Endell u. a., „geradeaus", Ernst Klett Schulbuchverlag, Stuttgart 1995 ff.
  Werner Broders u. a., „Mittendrin", Ernst Klett Schulbuchverlag, Stuttgart 1993 ff.

wiedergibt. So sind in der Pilotsprache im Unterschied zur Umgangssprache zum Beispiel Doppelkonsonanten in der Silbenfuge, pf oder h am Silbenanfang erkennbar.
Wörter in der Pilotsprache wiederzugeben müssen die Schülerinnen und Schüler allerdings zuerst lernen.
Beispiele für Mitsprechwörter:
kom·men, Hun·de, dre·hen, bac·ken, Flit·zer, pas·sie·ren

Nachdenkwörter
Ungefähr 40 % der Wörter eines Textes sind „Nachdenkwörter". Ihre Schreibweise kann durch die Anwendung verschiedener Rechtschreibstrategien ermittelt und durch die entsprechenden Prüfmethoden überprüft werden: Gliedern, Verlängern, Ableiten, Proben zur Ermittlung der Großschreibung.

Gliedern
Bei Wörtern, die aus mehreren Wortbausteinen bestehen, ist das Gliedern eine wichtige Voraussetzung um die richtige Schreibweise herausfinden zu können. Rechtschreibschwierigkeiten können einem bestimmten Wortbaustein zugeordnet und so leichter gelöst werden.
1. Beispiel: vor·kom·men
Beim Gliedern entdecken die Schülerinnen und Schüler, dass sie das Wort „kom·men" nur mitzusprechen brauchen. Das Präfix „vor-" kennen sie als unveränderlichen Vorbaustein.
2. Beispiel: Erd·bee·re
Das Wort „Bee·re" gehört zu den Lernwörtern (siehe unten). Die Schreibweise des Grundbausteins „Erd" können die Schülerinnen und Schüler durch Verlängern ermitteln (siehe unten).

Verlängern
In vielen Fällen reicht es zum Absichern der Schreibweise, das Wort oder die Wortform zu verlängern. Dies trifft zum Beispiel zu bei
• Nomen: „Hund" wird verlängert zu „Hun·de"; daraus folgt: „Hund" mit „d"

		d	
oder kurz:	Hund	←→	Hun·de

• Verben: | saß | ß ←→ | sa·ßen |

• Adjektive: | dick | ck ←→ | dic·ker |

Ableiten
Das Verlängern ist eine Form des Ableitens. Wo einfaches Verlängern nicht reicht, gibt es eine ganze Reihe anderer Möglichkeiten des Ableitens von verwandten Wörtern. Einige Beispiele mögen dies verdeutlichen:

	mm			h	
kommt	←→	kom·men	dreht	←→	dre·hen
	ss			tz	
Fluss	←→	Flüs·se	flitzt	←→	flit·zen
	ie			äu	
spielt	←→	spie·len	träumen	←→	Traum

Proben zur Ermittlung der Großschreibung
Wenn man davon ausgeht, dass der Normalfall die Kleinschreibung der Wörter ist, gehören auch alle großgeschriebenen Wörter zu den Nachdenkwörtern. Um herauszufinden, welche Wörter großgeschrieben werden, können Schülerinnen und Schüler Proben anwenden:
- Die Anfassen-Haben-Probe: Wörter, die etwas bezeichnen, was man anfassen oder haben kann (oder von dem man sich vorstellen kann, dass man es anfassen oder haben kann), schreibt man groß.
  Beispiele: Tisch, Feuer, Glück, Husten
  (Ausnahmen sind jedoch: frei haben, alles haben.)
- Die Artikel- und Begleiter-Probe: Wörter, auf die ein Artikel oder ein anderer Begleiter hinweist (oder hinweisen kann), sind Nomen und werden großgeschrieben. Neben dem Artikel können u. a. Possessiv-, Demonstrativ- oder Indefinitpronomen Begleiter sein.
- Die Endbaustein-Probe: Wörter mit den Endbausteinen -heit, -keit, -nis, -schaft, -tum, -ung sind Nomen und werden großgeschrieben.

Lernwörter
Die restlichen 10 % des deutschen Wortschatzes umfassen Wörter, deren Schreibweise weder durch Mitsprechen noch durch Nachdenken ermittelt werden kann. Sie müssen (bei Anwendung möglichst effektiver und individueller Lerntechniken) gelernt werden. In dieser Gruppe finden sich vereinzelt auch Wörter, deren Schreibweise theoretisch durch Ableiten zu ermitteln wäre. Bei diesen Wörtern wäre es jedoch mit mehr Lernaufwand verbunden, sich die richtigen Ableitungen einzuprägen, als das Wort sofort als Lernwort zu behandeln.
Sonderfall ß: Manche Schülerinnen und Schüler sprechen „ß" und „s" am Silbenbeginn ähnlich oder sogar gleich aus. Für diese Schülerinnen und Schüler ist es günstiger, Wörter mit „ß" einzeln zu lernen (ca. 50 Wortfamilien).
Mitsprechwörter, Nachdenkwörter und Lernwörter sind nicht hermetisch voneinander getrennten Bereichen des Rechtschreibwortschatzes zuzuordnen. Im einzelnen Wort kann mehreres aufeinandertreffen, nehmen wir zum Beispiel das Wort „gefährlich":
Es kann gegliedert werden in den Vorbaustein „ge-", den Grundbaustein „fähr" und den Endbaustein „-lich". Der Vorbaustein „ge-" wird wie alle Vorbausteine immer gleich geschrieben, und zwar in diesem Fall so, wie er in der Pilotsprache auch gesprochen wird. Auch der Endbaustein „-lich" wird wie alle Endbausteine immer

gleich geschrieben, und zwar ebenfalls so, wie die Pilotsprache es vorgibt. (Zur Absicherung wäre es möglich, das Wort zusätzlich zu verlängern: „ge·fähr·li·che".) Um die Schreibweise des Grundbausteins zu ermitteln, müssen die Schülerinnen und Schüler ableiten: „gefährlich" ist verwandt mit „fahren". Durch das Ableiten finden sie zunächst heraus, dass „gefährlich" mit „ä" geschrieben wird. Wenn sie sich daran erinnern, dass sie sich „fahren" als Lernwort mit „ah" eingeprägt haben, können sie außerdem sagen, dass „gefährlich" mit „äh" geschrieben wird.

Richtig schreiben lernen

Die Bezeichnung „Lernwörter" für Wörter mit nicht ableitbarer Schreibung darf nicht zu dem Fehlschluss führen, nur diese Wörter müsse man lernen. Auch die Pilotsprache zu jedem neuen Wort muss neu gelernt werden. Das bedeutet, Rechtschreiblernen ist ein langwieriger Prozess. Schließlich müssen die Kinder sich für jedes Wort, das sie kennen, und für jedes, das sie neu dazulernen, auch das Schriftbild einprägen.

Um zu einer großen Sicherheit beim richtigen Schreiben zu kommen, müssen die Schülerinnen und Schüler viel üben. Dabei sollte man – wie bei anderen Lernstoffen auch – vom Einfacheren zum Schwierigeren gehen. Man sollte also zunächst das Mitsprechen in der Pilotsprache automatisieren, sodass das Schreiben von Mitsprechwörtern internalisiert ist, bevor man übergeordnete Rechtschreibstrategien einführt. Dabei werden nach und nach die notwendigen Gedankengänge automatisiert und das Schreiben fällt leichter.

Für das Kontrollieren ihrer Texte stehen den Lernenden nun Prüfmethoden zur Verfügung. Die Aufforderung, sich das Diktat nochmals gründlich durchzulesen, erhält damit einen Sinn und die Kinder wissen, wie sie die Zeit nutzen können.

Dabei sei erwähnt, dass Diktate, zumal solche, die von der Lehrerin oder dem Lehrer korrigiert und benotet werden, nur der Leistungskontrolle dienen sollen, um den Erfolg des vorausgegangenen Übens zu überprüfen.

Nachbereitung von Diktaten

Als weitere Übung zum Automatisieren der Rechtschreibstrategien empfiehlt es sich, die Schülerinnen und Schüler nach Rückgabe der Diktate eine entsprechende Fehlerkorrektur anfertigen zu lassen. Jedes falsch geschriebene Wort sollte dazu mit der entsprechenden Prüfmethode aufgeschrieben werden.

Beispiele:
kommt ←→ kom·men, also kommt mit mm.
fährt ←→ fah·ren, fahren mit ah, also fährt mit äh.

Häufigkeitswörter

Am Anfang der 5. Klasse haben die Schülerinnen und Schüler schon eine gewisse Sicherheit in der Rechtschreibung. Bestimmte Häufigkeitswörter haben sie sich eingeprägt, sodass diese Wörter weitgehend automatisch richtig geschrieben werden –

zumindest von den meisten. Dazu gehören zum einen viele Mitsprechwörter, zum anderen aber auch einige abgeleitete Formen und Lernwörter.
Das vorliegende Heft geht bei den folgenden Nachdenk- und Lernwörtern davon aus, dass sie in allen Formen vertraut sind. Die Auswahl der Wörter stützt sich im Wesentlichen auf die unten genannte Veröffentlichung von Carl Ludwig Naumann.

Nachdenkwörter zum Verlängern/Ableiten

Wörter mit Auslautverhärtung

a) Verbformen (3. Pers. Sg. Präs., 3. Pers. Sg. Prät. und Partizip II)

bewegt, bewegte, bewegt
bindet, band, gebunden
bringt, brachte, gebracht
fängt, fing, gefangen
findet, fand, gefunden
fliegt, flog, geflogen
fragt, fragte, gefragt
glaubt, glaubte, geglaubt
hängt, hing, gehangen
jagt, jagte, gejagt

legt, legte, gelegt
liebt, liebte, geliebt
liegt, lag, gelegen
mag, mochte, gemocht
schlägt, schlug, geschlagen
schreibt, schrieb, geschrieben
trägt, trug, getragen
zeigt, zeigte, gezeigt
zieht, zog, gezogen

b) andere Wörter

Bad	genug	König	traurig
Berg	gesund	lieb	Wald
Bild	Hand	möglich	Wand
Burg	Hund	Mund	wenig
Freund	Käfig	Pferd	Zug
gelb	Kind	Rad	
Geld	Kleid	richtig	

Wörter mit Doppelkonsonanten, ck und tz

a) Verbformen (3. Pers. Sg. Präs., 3. Pers. Sg. Prät. und Partizip II)

beißt, biss, gebissen
gewinnt, gewann, gewonnen
nennt, nannte, genannt
schmeckt, schmeckte, geschmeckt

schwimmt, schwamm, geschwommen
setzt, setzte, gesetzt
steckt, steckte, gesteckt
trifft, traf, getroffen

b) andere Wörter

Ball	Herr	Schiff	Stock
Bett	Mann	schnell	toll
dick	nett	Sonn(tag)	voll
dumm	Rock	Stall	

Wörter mit ä/äu
a) Verbformen (3. Pers. Sg. Präs., 3. Pers. Sg. Prät. und Partizip II)

fängt, fing, gefangen	schlägt, schlug, geschlagen
hängt, hing, gehangen	trägt, trug, getragen
läuft, lief, gelaufen	träumt, träumte, geträumt
schläft, schlief, geschlafen	

b) andere Wörter

Bälle	Dächer	Männer	Räder	Wälder
Bäume	Hände	Mäuse	Ställe	Wände

Wörter mit ie
a) Verbformen (3. Pers. Sg. Präs., 3. Pers. Sg. Prät. und Partizip II)

heißt, hieß, geheißen	schläft, schlief, geschlafen
läuft, lief, gelaufen	schreibt, schrieb, geschrieben
liebt, liebte, geliebt	zieht, zog, gezogen
liegt, lag, gelegen	

b) andere Wörter

lieb	tief	Tier	vier

Wörter mit ß
a) Verbformen (3. Pers. Sg. Präs., 3. Pers. Sg. Prät. und Partizip II)

beißt, biss, gebissen	heißt, hieß, geheißen

b) andere Wörter

Fuß	weiß (Adj.)

Wörter mit h
a) Verbformen (3. Pers. Sg. Präs., 3. Pers. Sg. Prät. und Partizip II)

dreht, drehte, gedreht	zieht, zog, gezogen

b) andere Wörter

Kuh	Schuh

Lernwörter

Wörter mit unhörbarem h

Bahn	Ohr	Uhr	Zahl
Gefahr	sehr	weh	zehn
Jahr	Stuhl	wohnen	

Wörter mit aa, ee, oo

Haar	Schnee	Zoo
Kaffee	See	

Wörter mit ä/äu, mit einfachem langen i, mit Auslautverhärtung, mit Konsonantenhäufung, mit v oder chs

bald	letzte	spät	Vogel
davon	Mädchen	Vater	voll
Familie	sechs	vier	weg
jetzt	sind		

Der Vorbaustein „ab-" und der Endbaustein „-ung"

Arbeiten mit den Diktattexten

Die Überschrift eines jeden Textes sollte vor Beginn des Diktates an die Tafel geschrieben werden, um die Klasse auf das Thema einzustimmen.

Zum schnelleren Überblick sind die Belege des Übungsschwerpunktes immer fett gedruckt. Es wurde besonderer Wert darauf gelegt, die Texte so zu gestalten, dass diese Wörter sich harmonisch einfügen. So wurde im Einzelfall lieber auf weitere Belegstellen verzichtet, zu Gunsten eines natürlich klingenden Textes.

Die reformierte Rechtschreibung ermöglicht bei einigen Wörtern und Zeichensetzungen Varianten. Diese wurden bei den Texten immer angegeben. Kommas, die möglich, aber nicht notwendig sind, wurden in Klammern gesetzt.

Um Unsicherheiten bei den Kindern zu vermeiden, schlagen wir vor, die Schreibung von Eigennamen vorzugeben, da Namen in unterschiedlichen Schreibweisen vorkommen. Sollte ein Name dann trotzdem in einer anderen möglichen Variante geschrieben werden, sollte man dies nicht als Fehler rechnen.

Unter jedem Diktattext sind ferner Wörter zum Ableiten oder zum Einprägen aufgeführt, deren Schreibung Probleme bereiten könnte. Schwierige Fälle der Großschreibung und der Zusammenschreibung können hinzukommen. Nicht aufgeführt sind hier Häufigkeitswörter (siehe Liste) sowie Pronomen, Konjunktionen und Präpositionen. (Solche Wörter sind in jedem normalen Text in großer Zahl vertreten. Es hätte deshalb den Rahmen gesprengt, sie unter jedem Diktat gesondert zu nennen.) Welche der hier aufgeführten Wörter vor oder nach dem Diktat besprochen werden müssen, hängt von der Lerngruppe, ihrem Vorwissen und ihren Rechtschreibproblemen ab.

Natürlich können die Texte der konkreten Lernsituation angepasst werden. Viele Texte können durch Weglassen eines Absatzes gekürzt werden. Die Wortzahl des Textes in seiner gesamten Länge (ohne die Überschrift) wurde immer angegeben.

Literaturhinweise:
Werner Broders u. a., Lehrerband zu „Mittendrin", 5. Schuljahr, Ernst Klett Schulbuchverlag, Stuttgart 1994
Christine Mann, Selbstbestimmtes Rechtschreiblernen, Beltz praxis, Weinheim und Basel 1995
Carl Ludwig Naumann, Rechtschreibwörter und Rechtschreibregelungen, hrsg. vom Landesinstitut für Schule und Weiterbildung, Soest 1990 (3. Auflage)

Strategie: Mitsprechen

Übungsschwerpunkt: Doppelkonsonanten, auch ck und tz

Unter freiem Himmel   Wortzahl: 133

Eisige Winde pfeifen um das Haus. **Dicke Flocken fallen.** Die kleinen grauen **Spatzen hocken** ganz dicht nebeneinander auf der **Tanne** und **zittern** in der Kälte. „Die armen **Spatzen**", denkt Uli. Er sitzt am Fenster und blinzelt in den grauen **Himmel.** Das **Wetter** wird **immer schlimmer.**

„Wie gut ist es, **drinnen** zu sein. Hier ist es schön warm(,) und ich brauche kein **Futter** zu **sammeln**", freut sich Uli.
Jetzt **donnert** es auch noch. Uli schaut zu, wie die **Spatzen davonflattern**. Schon sind sie weg. Nun ist Uli **allein** am Fenster. Was kann er nur **anstellen**? Ihm ist langweilig in dem kleinen **Zimmer**. Haben ihn **alle vergessen**? Warum **kümmert** sich keiner um ihn?

Aber da **kommen** Jens und Lena herein. Sie **locken** Uli mit einer **Waffel**(,) und der **Wellensittich klettert willig** zurück in seinen Käfig.

Wörter zum Ableiten: Kälte, sitzt, wird, kann, -ig

Wörter zum Einprägen: hier, ver-, zurück, Käfig

Mögliche Vorgaben
Namen: Uli, Jens, Lena

Strategie: Mitsprechen

Übungsschwerpunkt: Doppelkonsonanten, auch ck

Fressen Frösche Kaugummi?   Wortzahl: 131

In den **Sommerferien** besuchen Maike und Steffi oft ihren **Vetter** Jakob. Dieses Jahr haben ihr Onkel und ihre Tante im Garten ein **tolles** Biotop angelegt. In dem trüben **Wasser schwimmen** kleine Fische. Jakob hat verboten(,) die Fische zu **füttern**. Sie **sollen** die Algen **fressen**, damit der Teich klar wird.

Einmal **entdecken** Maike und Steffi einen **dicken** Frosch. Schnell hat Jakob ihn gefangen und in ein hohes Glas gesteckt. Das arme Tier macht das Maul auf und zu(,) und die Blasen an seinem Hals werden **dicker** und **dicker**. Der Frosch sieht aus, als **hätte** er einen **Kaugummi gefressen**. Die Mädchen **wollen** nicht, dass das Tier leidet. Sie **bitten** Jakob(,) den Frosch sofort **freizulassen**. Er ist einverstanden, aber er will dafür eine **Packung Kaugummi** haben, damit er Blasen machen kann wie ein Frosch.

Wörter zum Ableiten: wird, sieht, hätte, will, kann

Wörter zum Einprägen: Vetter, ver-, sieht

Zusammenschreibung: freizulassen

Mögliche Vorgaben

Fremdwort: Biotop

Namen: Maike, Steffi, Jakob

Strategie: Mitsprechen

Übungsschwerpunkt: Doppelkonsonanten

Zwei Fahrraddiebe festgenommen
Wortzahl: 130

Mit Hilfe (Mithilfe) eines aufmerksamen Badegastes wurden gestern **Nachmittag** im Freibad zwei Fahrraddiebe **festgenommen**. Ein Junge **hatte** beobachtet, wie die **Männer** über den Zaun **kletterten** und sich an den **Schlössern** der Fahrräder zu **schaffen** machten. Der Junge bemerkte, dass auch sein Rad den Dieben in die Hände **gefallen** war. Sofort holte er den Bademeister. Dieser konnte die beiden Täter festhalten, bis die Polizei **eingetroffen** war.

Die beiden **Männer hatten offensichtlich** Übung. Bei dem Verhör auf der Polizeiwache gestanden sie drei weitere Fahrraddiebstähle. Sie gaben an(,) schon letzte Woche beim **Sommerfest** in der **Müllergasse** mehrere Räder gestohlen zu haben.

Wer vermisst seit dem Fest sein Rad? Die Polizei **bittet alle** Geschädigten(,) sich zu melden. Und sie fordert **alle** Radler auf(,) ihre Räder mit **Bügelschlössern** zu sichern, damit sie nicht weggetragen werden **können**.

Wörter zum Ableiten: Tag, konnte, Täter, Diebstähle, vermisst, Geschädigten, Radler

Wörter zum Einprägen: Fahrrad, Polizei, ver-, Diebstähle, mehrere, gestohlen

Zusammenschreibung: festgenommen, festhalten

Großschreibung: alle Geschädigten

Strategie: Mitsprechen

Übungsschwerpunkt: Doppelkonsonanten, auch ck und tz

Leichtsinnige Spiele Wortzahl: 152

Endlich klingelt die **Schulglocke**. Schnell greifen Frank und Frieder nach den **Jacken** und **flitzen** aus dem **Klassenzimmer**. Zu Hause werfen sie die Sachen in die **Ecke, schnappen** die Rollschuhe und laufen zur **Haltestelle** der U-Bahn. Auf den **glatten Platten** der Unterführung **können** sie am besten **rollen**. Das ist zwar verboten, aber sie **kümmern** sich nicht darum. **Nachmittags** ist hier unten nichts los.

Die Rollschuhe laufen einfach prima. Frank und Frieder gleiten leicht um **alle Hindernisse**. Manchmal laufen sie um die **Wette**. Sie merken nicht, wie die Zeit vergeht. Schon ist es spät geworden. Die **Haltestelle** ist jetzt **voller** Menschen. **Immer** öfter **müssen** die Jungen den Leuten ausweichen. Einmal **müssen** sie einen weiten Bogen um einen **bellenden Dackel** machen und **rollen** dabei genau in eine **Absperrung**. Dahinter sind die **Platten aufgerissen**. Frank stolpert und landet auf seinem **Rücken**.

Ein Polizist ist gleich zur **Stelle** – er wird Frieder und Frank einen **Denkzettel verpassen**!

Wörter zum Ableiten: endlich, Rollschuhe, mittags, geht, wird

Wörter zum Einprägen: Unterführung, ver-, hier, prima, Polizist

Mögliche Vorgaben

Namen: Frieder, Frank

Strategie: Mitsprechen

Übungsschwerpunkt: Doppelkonsonanten, auch ck und tz

Schnurrende Göttinnen
Wortzahl: 149

Schon vor über 5000 Jahren lebten in Ägypten **Katzen** als Haustiere. Für die Ägypter war die **Katze** die **Göttin** der Schönheit und der Fruchtbarkeit.

Die Getreidespeicher waren zu jener Zeit groß und gut gefüllt. Mäuse und **Ratten** fanden hier **immer** genug **Futter**. Damit der Schaden, den die Nager anrichteten, nicht zu groß wurde, ließ man **Katzen** in die Speicher. Nur sie kamen gegen die Plage an. Deswegen wurde jeder, der eine **Katze** getötet **hatte**, mit dem Tode bestraft.

Wenn einmal eine der kleinen **Göttinnen** gestorben war, **versammelte** sich die ganze Familie(,) und **alle** rasierten sich zum Zeichen des **Kummers** die Augenbrauen ab. Die tote **Katze** wurde einbalsamiert und in bunte Tücher **gewickelt**. Dann wurde sie in einen schönen Sarg auf weiche **Kissen** gelegt. Auch einbalsamierte Mäuse wurden neben die **Katze** gelegt(,) um sie nicht ohne **Futter** auf die Reise in die andere Welt zu **schicken**. Dann wurde sie feierlich **bestattet**.

Wörter zum Ableiten: lebten, groß, gefüllt, ließ, Sarg

Wörter zum Einprägen: hier, ver-

Mögliche Vorgaben

Fremdwörter: Ägypten, Ägypter, rasieren, einbalsamieren

Strategie: Mitsprechen

Übungsschwerpunkt: Konsonantenhäufung

Gefährliche Weibchen Wortzahl: 138

Spätsommer ist Wespenzeit! Bienen und Mücken surren und stechen schon ab **März**. Aber Wespen werden **erst** im August und September **unfreundlich**. **Jetzt** sind die jungen Wespen bereit zu **kämpfen**.

Nur Insektenweibchen stechen, da sind die Fachleute sich sicher. Zum Beispiel können Mückenweibchen nur dann Eier legen, wenn sie viel **Blut getrunken** haben. Aber sie stechen **nicht** jeden. Das kann man immer wieder feststellen, wenn man **plötzlich zerstochen** aufwacht(,) und die **Schwester** nebenan **schläft sanft** weiter. Die Mischung der **menschlichen** Gerüche kann die Mücken **entweder** anziehen oder **abschrecken**.

Anders ist es bei Wespen und Bienen. Sie stechen **eigentlich** nur aus **Furcht**, wenn sie über **irgendetwas erschrecken**. Diese Regel **wird** jedoch **nicht** immer eingehalten. Wespenweibchen torkeln **manchmal** berauscht umher und sind unberechenbar. Sie haben dann keinen Alkohol **getrunken**, sondern von **Früchten** und **Pflanzen** genascht, die in der Sonne vergoren sind.

Wörter zum Ableiten: kämpfen, Beispiel, viel, kann, schläft, wird

Wörter zum Einprägen: März, viel, plötzlich, irgendetwas, ver-

Strategie: Mitsprechen

Übungsschwerpunkt: Konsonantenhäufung

Das Gurkenglas
Wortzahl: 161

An meinem **letzten Geburtstag** sollten sich alle Kinder **verkleiden**. Michael kam als **Förster**, Tine war als **Pilz verkleidet**, Max und Moritz kamen als **Zwerge** und Lara war als **furchtbares Gespenst zurechtgemacht**.

Zum **Abendessen** kam mein Vater(,) und da passierte ein **Unglück**. Als das **Gespenst durch** das Haus spukte, **lachte** mein Vater so **fürchterlich**, dass er sich dabei den Kiefer **ausrenkte**.

Meine Mutter und ich **brachten** ihn sofort ins **Krankenhaus**. Meine Mutter wollte gerade der **Schwester** das **Problem erklären**, als **plötzlich** die Tür aufging und eine Frau mit ihrem kleinen Jungen hereinkam. Der Junge hatte ein **großes Gurkenglas** über dem **Kopf**. Man konnte es **nicht** mehr **entfernen**. Das war **zwar** eine **ernste** Sache, aber wir haben alle laut darüber lachen müssen. **Sofort** konnte mein Vater seinen Kiefer wieder bewegen.

Dann wollte sich mein Vater bei dem Jungen bedanken und ihm einen **Groschen** schenken. Da machte der **Kleine** aber ein **ganz** langes **Gesicht**! Und – schwups, konnten wir seinen **Kopf problemlos** vom **Gurkenglas** befreien.

Wörter zum Ableiten: Tag, sollten, Abend, passierte, Unglück, wollte, erklären, aufging, konnte

Wörter zum Einprägen: ver-, plötzlich, mehr

Mögliche Vorgaben

Namen: Michael, Tine, Max, Moritz, Lara

schwups

Strategie: Mitsprechen

Übungsschwerpunkt: Konsonantenhäufung

Lukas Wortzahl: 157

Hast du schon mal **versucht**(,) **selbst Geld** zu verdienen? Das kann **hart** sein. Ich passe **manchmal** auf meinen kleinen Vetter auf, wenn meine Tante und mein Onkel keine Zeit haben.

Im **Ernst**, Lukas kann man keinen **Moment** unbeobachtet lassen. Ich lese ihm Geschichten vor oder gehe mit ihm auf den **Spielplatz** im **Park**. Die **Rutsche liebt** er **besonders**. Er möchte die ganze Zeit **rutschen**, mal auf dem Bauch, mal auf dem Rücken. **Zwischendurch scheucht** er **Eichhörnchen**, **wirft** mit seinem **Butterbrot** nach den Fischen im Teich oder **versucht**(,) die Enten zu **erschrecken**. Wenn sie in die **Luft flattern**, **hüpft** er am Ufer hin und her.

Lukas ist **erst drei**, aber wenn er **loslegt**, kann man ihn kaum noch **bremsen**! Wenn er den ganzen Nachmittag auf dem **Spielplatz** ist, hat er natürlich **Durst**. **Gestern** ist er zu mir gekommen und hat **gesagt**: „Lisa, ich will was **trinken**." Ich **fragte** ihn: „Und wie lautet das **Zauberwort**?" Darauf **antwortete** Lukas: „Hokuspokus".

Wörter zum Ableiten: kann, Spielplatz, Tag, gesagt, will

Wörter zum Einprägen: ver-, selbst, Vetter

Mögliche Vorgaben

Name: Lukas, Lisa

Strategie: Mitsprechen

Übungsschwerpunkt: unbezeichnete Länge

Nachrichten vom anderen Ende der Erde   Wortzahl: 102

Urlauber haben ihre Freude daran, die Einheimischen **aber** sind **wütend**: Kängurus **belagern** die **australische** Hauptstadt Canberra. Nichts ist vor den hungrigen Beuteltieren sicher. Sie **holen** sich **Salat** und **Gemüse** aus den **Auslagen** der Geschäfte und **suchen** sich in den **schönen Anlagen Blumen**, die sie fressen können. Einem Jungen **holten** sie sogar den **Geburtstagskuchen** vom Tisch. Golfspieler **beklagen** sich, weil die Kängurus sie **stören**.

Dabei sind die Kängurus nicht **bösartig**. Die **großen** Tiere sind in **Not**. Seit 18 **Monaten** hat es in der **Wüste**, in der sie **leben**, keinen **Regen** gegeben.

Alle **Versuche**, die Tiere aus der Stadt zu **jagen**, **waren** bis jetzt **vergeblich**.

Wörter zum Ableiten: wütend, Tag, bösartig, vergeblich
Wörter zum Einprägen: Känguru, Stadt, Geschäft, ver-

Mögliche Vorgaben
Name: Canberra

Strategie: Mitsprechen

Übungsschwerpunkt: unbezeichnete Länge

Rasende Kinder   Wortzahl: 121

„Wie **groß** muss der Abstand zum vorderen **Wagen** sein?", **fragt** der **Mannschaftskapitän** die acht **Buben** und **Mädchen** streng. „40 **Meter**", lautet die Antwort. Zweite **Frage**: „Was müsst ihr vor den Kurven **tun**?" Antwort: „Bremsen." Dann der laute **Ruf**: „Also **los**!" Und **schon** schwingen sich alle auf die Bobs. Aber die Kinder **tragen** keine warmen Jacken, **Kapuzen** und **Schals**, sondern kurze **Hosen**. Sie sind in einem **Sommerlager** und **üben** in einem 550 **Meter** langen Edelstahl-Kanal (Edelstahlkanal). In weiten **Bögen rasen** sie auf der künstlichen Bobbahn hinunter ins **Tal**.

Alle acht Kinder **wagen** das nicht zum ersten **Mal**. Dennoch brauchen sie bei **jedem** neuen Start **Mut**. Die **schmalen Wagen** beschleunigen enorm(,) und es rumpelt nicht schlecht, wenn sie in den Kurven **gegen** die harte Kante **stoßen**.

Wörter zum Ableiten: groß, muss, Abstand, müsst

Wörter zum Einprägen: vorderen, Kapitän, Kurve, Stahl

Mögliche Vorgaben

Fremdwort: Bob

Strategie: Mitsprechen

Übungsschwerpunkt: unbezeichnete Länge

So ein Pech! Wortzahl: 143

Harald **mag** keine **Ferien**. Er findet es **schade**, wenn er nicht zur **Schule** darf. In den **Ferien haben** seine Eltern **nämlich** immer irgendwelche Aufgaben für ihn. **Mal** bittet ihn sein **Vater**(,) den **Boden** zu **fegen**. **Mal sagt** seine Mutter, er möge doch bitte den **Spaten holen** und den Garten **umgraben**.

Davon hatte Harald eines **Tages genug**. Er wollte weglaufen und seine **Großeltern besuchen**. Für den **Weg** wollte er sich im **Laden gegenüber** noch eine **Tafel Schokolade** kaufen. An der Kasse wartete eine lange Schlange. Die Frau vor ihm **schob** einen vollen **Einkaufswagen**. Er **bat höflich**, ob sie ihn vorlassen würde. Sie war einverstanden.

Das **war** Haralds Pech: Er **war** der **millionste** Kunde! Er wurde nach Hause **getragen, bekam Blumen** und einen **Gutschein**. Zwölf **Monate** lang darf er **nun** umsonst einkaufen.

Armer Harald! Jetzt muss er **jeden Tag** für seine Eltern den Einkauf **erledigen**.

Wörter zum Ableiten: mag, sagt, wollte, groß, Weg, schob, muss, Tag

Wörter zum Einprägen: nämlich, irgendwelche, ver-

Mögliche Vorgaben

Name: Harald

Strategie: Mitsprechen

Übungsschwerpunkt: h am Silbenanfang

Der neue rote Hocker

Wortzahl: 162

Gestern hatte Herr Schulz das neue rote Auto beim Händler abgeholt. Er hatte es vor dem Haus **stehen** lassen, denn heute wollte die Familie es **einweihen**. Zur Feier des Tages hatte Herr Schulz alle in den Zirkus eingeladen, der in der **Nähe** sein Zelt aufgebaut hatte.

Unruhig warteten Kathrin und Stefan. Als alle mit dem Essen fertig waren, liefen sie sofort auf die Straße. Doch was **sahen** sie da? Das funkelnagelneue Auto war ganz verbeult! Wie konnte das **geschehen**?

Wütend rief Herr Schulz die Polizei. Der Polizist betrachtete das verbeulte Auto und meinte mitleidig: „Ach, Ihnen gehört der Wagen! Der Zirkusdirektor hat schon angerufen und alles berichtet: Am **frühen** Vormittag sind alle Akrobaten mit den Tieren durch die Stadt gezogen(,) um für die Vorstellung zu werben. Die Zirkuskapelle hat auch gespielt. Einer der Elefanten ist darauf abgerichtet, sich bei einem bestimmten **hohen** Trompetenton auf seinen roten Hocker zu setzen. Und weil kein Hocker da war, hat er eben Ihr rotes Auto genommen!"

Wörter zum Ableiten: Händler, wollte, Nähe, -ig, konnte, wütend, rief, Tag, gespielt, bestimmt

Wörter zum Einprägen: ver-, Direktor, Stadt

Zusammenschreibung: funkelnagelneu

Mögliche Vorgaben

Namen: Schulz, Kathrin, Stefan

Fremdwort: Akrobat

Strategie: Mitsprechen

Übungsschwerpunkt: h am Silbenanfang

Schwein gehabt!   Wortzahl: 145

Die Hausschweine Rudi und Susi flitzen durch den Garten und jagen hin und wieder den anderen Schweinen nach. Gemeinsam **drehen** sie dann alle ein paar Runden. Nur vor den Zweibeinern bleiben sie **stehen**, stupsen mit ihrem Rüssel jeden an und grunzen freundlich. Es scheint ihnen gut zu **gehen**.

Rudi und Susi leben im Tierheim der **Eh**eleute Hanke. Außer den Schweinen gibt es hier noch rund 200 Hunde, 20 Katzen, zwölf **Kühe** und zwei **Rehe**. Die Hankes haben genug Platz und bieten den Tieren eine Heimat. Die Tiere wissen, es wird ihnen nichts **geschehen**.

Viele Hunde und Katzen sind sowieso nur kurz im Heim. Sie finden schnell wieder ein neues Zuhause. Jeden Tag kommen Besucher, **stehen** eine Weile an den Gehegen und **sehen** dann ihre „große Liebe".

Fast 300 Tiere zu pflegen macht viel **Mühe**. Ihre Wiese brauchen die Hankes aber nicht mehr zu **mähen**. Das erledigen die **Kühe**.

Wörter zum Ableiten: gibt, rund, Platz, wird, Tag

Wörter zum Einprägen: ein paar, gibt, hier, viele, mehr, mähen

Mögliche Vorgaben

Namen: Rudi, Susi, Hanke

Strategie: Mitsprechen
Übungsschwerpunkt: Wörter mit ie

Gesundheit! Wortzahl: 121

Endlich ist es **wieder** Frühling. Nach dem langen, kalten Winter freuen sich alle darauf, zum ersten Mal ohne **Stiefel** und Wollmütze **spazieren** zu gehen. Die **Wiesen** sind schon grün(,) und im Wald suchen die Amseln in der dicken Laubschicht nach Würmern.

Für **viele** Menschen ist **diese** Zeit **schwierig**: Die Augen tränen, die Nase läuft(,) und ständig müssen sie **niesen**. Der Heuschnupfen hat sie fest im Griff. Wenn die Blütenpollen durch die warme Frühlingsluft **fliegen**, wünschen sich **diese** armen Leute, es solle doch endlich einmal regnen.

Aber nicht nur der Heuschnupfen sucht seine Opfer. Auch sonst ist der Frühling eine gefährliche Jahreszeit. Denn nun schlagen die Bäume aus(,) und das Gras beginnt **hervorzuschießen**. Also heißt es gut aufpassen, damit **niemand** getroffen wird!

Wörter zum Ableiten: endlich, Frühling, Wollmütze, schwierig, ständig, Griff, regnen, gefährlich, beginnt, niemand, wird

Wörter zum Einprägen: Laub, viele, tränen, gefährlich

Strategie: Mitsprechen

Übungsschwerpunkt: Wörter mit qu

Ein Quarkrezept

Wortzahl: 132

Würzige **Quarkspeisen** sind ein leckerer Brotaufstrich und passen auch gut zu neuen Kartoffeln. Süßer **Quark** ist ein gesunder Nachtisch oder eine feine Kleinigkeit für die Pause. Natürlich kann man **Quark** heute **bequem** kaufen. Aber man kann das **erquickende** Milchprodukt auch leicht selbst herstellen.

Man füllt dazu drei Liter unbehandelte Frischmilch in eine große Kanne. Die Kanne lässt man eine Woche im Kühlschrank stehen. Schon nach wenigen Tagen wird die Milch stocken und **aufquellen**. Man sollte dem **Quark** eine Woche Zeit lassen(,) damit er die richtige Reife bekommt.

Wenn die Milch ganz geronnen ist, schüttet man die Masse in ein sauberes Tuch und lässt die restliche Flüssigkeit abtropfen. Dann wird die Masse gut **ausgequetscht** und anschließend mit einem **Quirl** durchgerührt. Schon ist der **Quark** fertig. Mit frischem **Quittenmus** angemacht(,) ist er eine Delikatesse.

Wörter zum Ableiten: kann, füllt, lässt, sollte, bekommt, Flüssigkeit, wird, anschließend, fertig

Wörter zum Einprägen: Kleinigkeit, selbst, Liter, kühl, gerührt

Mögliche Vorgaben

Fremdwörter: Milchprodukt, Delikatesse

Strategie: Mitsprechen

Übungsschwerpunkt: Wörter mit qu

Unbequeme Fluggäste   Wortzahl: 177

Die Stewardess muss der dicken, **quengelnden** Dame in der ersten Klasse schon das fünfte Glas Wasser bringen. Natürlich trinkt die Dame nur reines **Quellwasser**. Die Stewardess hat viel zu tun, aber die Dame nörgelt weiter. „Die hat gut reden", denkt die junge Frau. „Sitzt hier in ihrem teuren Mantel im Sessel(,) und ich laufe ständig hin und her."

Den Mantel mit dem braunen Pelzkragen wollte die Dame nicht ablegen, obwohl es recht warm ist. Aber die Sessel der ersten Klasse sind breit(,) und die Dame hat es sich hier für den langen Flug **bequem** gemacht.

Gegen Ende der Reise hört die Stewardess aus der Küche ein lautes **Quieken**. Sie eilt nach hinten und sieht, wie ihr Kollege ein kleines Tier verfolgt. Das Tier rast kreuz und **quer** durch die kleine Küche und **quiekt** fürchterlich, als es nach einigen Minuten gefangen wird.

Da stürzt auch schon die Dame aus der ersten Klasse herein und fordert lautstark ihren kleinen Marder zurück. Deswegen hatte sie also den Mantel die ganze Zeit an! Sie hatte einen lebendigen Pelzkragen um den Hals.

Wörter zum Ableiten: muss, Quellwasser, viel, sitzt, ständig, wollte, Flug, sieht, folgt, quiekt, wird

Wörter zum Einprägen: viel, hier, sieht, ver-, Minute, zurück

Großschreibung: ein Quieken

Mögliche Vorgaben

Fremdwort: Stewardess

Strategie: Mitsprechen

Übungsschwerpunkt: Wörter mit ß

Praktische Forschung

Wortzahl: 146

Kannst du dir das Leben der Menschen in der Steinzeit vorstellen? Forscher haben untersucht, wie Menschen damals am Bodensee siedelten, womit sie arbeiteten und was sie **aßen**.

Zu den Forschungen gehörte auch dieser Versuch: Zwei junge Männer sollten einen Einbaum bauen, wie ihn die Menschen früher **besaßen**. Dazu bearbeiteten sie einen fünf Meter langen und 60 Zentimeter dicken Stamm aus Pappelholz. Die beiden waren **fleißige** Arbeiter und **meißelten** 500 Kilogramm Holz aus dem **großen** Baumstamm heraus, der vor ihrer Arbeit 800 Kilogramm gewogen hatte.

Sie benutzten dazu keine Werkzeuge **außer** solchen, wie sie schon die Steinzeitmenschen hatten. Natürlich hatten sie auch die Steinaxt und den **Meißel** zuerst anfertigen müssen – das war ihnen gut gelungen.

Die Arbeit war schwer. Wenn die Sonne untergegangen war und die beiden am Lagerfeuer **saßen**, konnten sie ihren Braten kaum noch in den Händen halten. Die Forscher **äußerten** sich später begeistert über den perfekten Einbaum.

Wörter zum Ableiten: kannst, sollten, Stamm, benutzten, konnten

Wörter zum Einprägen: ver-, Kilogramm, Axt, äußerten

Mögliche Vorgaben

Name: Bodensee

Fremdwort: perfekt

Strategie: Mitsprechen

Übungsschwerpunkt: Wörter mit ß

Alles Sperrmüll?   Wortzahl: 164

Unser Postbote kommt immer auf einem alten Fahrrad. Jeden Morgen strampelt er die **Straße** hinauf und verteilt Zeitschriften, Rechnungen, Liebesbriefe und **Postkartengrüße** aus aller Welt.

Heute stapeln sich am **Straßenrand** alle möglichen Möbelstücke: Der Sperrmüll wird abgeholt(,) und die Leute haben ihre alten Sachen nach **draußen** gebracht. Da muss man als Radfahrer aufpassen(,) um nichts **umzustoßen**.

Am Ende der **Straße** kommt der Müllwagen um die Ecke. Unser Postbote achtet nicht darauf. Wie immer lehnt er sein Rad an den Zaun, greift nach seiner Tasche, geht durch den **großen** Vorgarten zur Haustür und wirft die Briefe in den Kasten.

Als er sich umdreht, traut er seinen Augen kaum: Sein Rad ist verschwunden! Er kann gerade noch erkennen, wie die Müllmänner es zu dem Gerümpel auf den Wagen werfen. So schnell ihn seine **Füße** tragen, läuft er hinter dem Wagen her. Doch als er ihn endlich erreicht, ist es zu spät. Ein verbogener Lenker ragt noch aus den Sperrmülltrümmern und erinnert an den Stolz unseres Postboten.

Wörter zum Ableiten: kommt, Rand, wird, muss, geht, kann, endlich, ragt

Wörter zum Einprägen: Fahrrad, ver-, Sperrmüll, Fahrer, lehnt, vor-

Strategie: Mitsprechen

Übungsschwerpunkt: Wörter mit ß

Gefährliche Pflanzen an unseren Straßen Wortzahl: 152

Weiß jemand von euch, was „Bärenklau" ist? So **heißen** die Pflanzen mit den **tellergroßen**, **weißen** Blüten, die oft auf den Grünstreifen der **Straßen** zu sehen sind. Keiner braucht sie zu **gießen**, denn sie sind sehr anspruchslos. Dennoch werden sie bis zu drei Meter hoch.

Bei schlechtem Wetter ist die Pflanze ganz harmlos. Kaum aber scheint die Sonne und es ist heiß, wird der Bärenklau gefährlich. Bei Sonnenlicht ist mit der **großen** Pflanze nicht zu **spaßen**. Wenn man sie berührt, beginnt es auf der Haut zu brennen und zu **beißen**(,) und rote Flecken bilden sich.

Bei leichten Schmerzen reicht es aus, die Stelle unter **fließendes** kaltes Wasser zu halten. Aber wenn es schlimmer wird, müssen die Wunden im Krankenhaus behandelt werden.

Den Bärenklau gibt es in Deutschland noch nicht besonders lange. Als man ihn zum ersten Mal bei uns sah, **stießen** seine riesigen Blätter und Blüten auf viel Begeisterung. Die ist heute verflogen.

Wörter zum Ableiten: jeman**d**, heiß, wir**d**, gefährlich, begi**nn**t, gibt, Land, sah, Blätter, vie**l**

Wörter zum Einprägen: weiß, gefährlich, berührt, viel, ver-

Mögliche Vorgaben

Name: Bärenklau

Übungsschwerpunkt: gemischt

Strategie: Mitsprechen

Heute Nacht ist Hofkonzert Wortzahl: 162

Auf der alten Burg war schon **immer** viel los: gefährliche **Ritterspiele**, festliche **Gelage**, Forscher mit **Hacke** und **Spaten**, **Busladungen** von **Besuchern** – und **jetzt** das!

Noch nie leuchteten so **helle** und bunte Lichter im Burghof, noch nie **ertönte** so laute Musik in den **verfallenden** Mauern. Heute ist ein **Konzert** der besonderen **Art**. Die besten **Gruppen** aus der Stadt machen Musik, wie sie in der Burg bisher noch **nicht** zu hören war.

Die Musik lockt junge Leute aus **allen Himmelsrichtungen** an. Als die **ersten Gitarrentöne erklingen**, **blitzen** Tausende (tausende) Feuerzeuge auf. Nach jedem Song **klatschen** die **Zuhörer** minutenlang vor Begeisterung. Die **Stimmung** in den alten Mauern wird **immer besser**. Die Mädchen **kreischen**, die Jungen **grölen**. Die **Menschenmassen drücken** nach vorne zur Bühne und versuchen(,) ganz **nahe** an ihre Stars **heranzukommen**.

Als das **Konzert** vorbei ist und die Musikgruppen abreisen **wollen**, laufen ihnen begeisterte Fans hinterher. **Zwar kommen** die Musiker schließlich heil zu ihrem Bus, aber einige Fans haben den Bus mit **Grüßen** und **Telefonnummern bemalt**.

Wörter zum Ableiten: viel, gefährlich, lockt, wird, schließlich

Wörter zum Einprägen: viel, gefährlich, ver-, Stadt, Musik, Minute, vorne, Bühne, vorbei

Mögliche Vorgaben

Fremdwörter: Fans, Song, Stars

Strategie: Mitsprechen

Übungsschwerpunkt: gemischt

Wohin mit dem Dackel?   Wortzahl: 154

Frau Müller lebte mit ihrem alten **Dackel** in einem kleinen Haus am Rande des Dorfes. Bei **Sonnenschein** gingen sie langsam durch den Wald, bei **Regen** machten sie es sich im Haus **bequem**.

Doch eines Morgens lag ihr **Dackel** tot in der **Ecke** des **Zimmers**. Er **hatte** Gift **gefressen**. Frau Müller war sehr traurig. „Ich werde ihn auf seinem Lieblingsplatz im Wald **begraben**", dachte sie. Um das **schwere** Tier **besser tragen** zu **können**(,) **wickelte** sie es vorsichtig in Papier und legte das Paket in eine **große** Plastiktüte. Dann machte sie sich mit ihrer Last auf den Weg. Am Waldrand näherte sich ihr plötzlich ein finster **blickender Geselle**. Frau Müller wollte **fliehen**, doch der Mann konnte ihr die **Tüte entreißen** und durch die Büsche **fortrennen**.

Frau Müller war **bleich** vor **Schrecken**. Auf dem Weg nach Hause musste sie dann aber doch lachen. „Der **Kerl** soll **nur** in die **Tüte gucken**. Das wird eine **schöne** Überraschung sein!"

Wörter zum Ableiten: lebte, Platz, vorsichtig, Papier, Weg, Rand, näherte, wollte, konnte, musste, soll, wird

Wörter zum Einprägen: plötzlich

Mögliche Vorgaben

Name: Müller

Strategie: Nachdenken, Proben anwenden

Übungsschwerpunkt: Großschreiben – Konkreta und Abstrakta

Mit Tempo 100 durch die Lüfte Wortzahl: 99

Heuschrecken haben immer **Hunger**. Und sie vermehren sich schnell. Wenn das **Wetter** günstig ist, kriechen in kurzer **Zeit Tausende** (tausende) dieser **Tiere** aus der **Erde**. Schnell hat sich ein großer **Schwarm** gebildet, der mit hohem, durchdringendem **Geknatter** in die **Luft** steigt und auf der **Suche** nach **Futter** große **Entfernungen** zurücklegen kann.

Die nimmersatten **Fresser** können eine **Geschwindigkeit** von 100 **Kilometern** in der **Stunde** erreichen und ohne **Pause** bis zu 18 **Stunden** fliegen.

So schaffen es **Milliarden** von **Heuschrecken** in wenigen **Wochen**, ganz Afrika zu durchqueren. Sie vernichten die **Ernte** und hinterlassen eine verwüstete **Landschaft**. Deswegen nennt man sie auch den **Fluch** Afrikas.

Wörter zum Ableiten: günstig, steigt, kann, Landschaft

Wörter zum Einprägen: ver-, vermehren, zurück, Geschwindigkeit, Kilometer, Afrika

Mögliche Vorgaben

Milliarden

Strategie: Nachdenken, Proben anwenden

Übungsschwerpunkt: Großschreiben – Konkreta und Abstrakta

Wasserski
Wortzahl: 124

Wenn die **Sonne** vom **Sommerhimmel** brennt, träumen viele **Menschen** von einem **Bad** im **Baggersee**. Andere wünschen sich dann(,) auf **Skiern** einen verschneiten **Abhang** hinunterzuflitzen.

Da hatte im **Jahre** 1920 ein **Amerikaner** einen tollen **Einfall**: **Schnee** ist doch eigentlich **Wasser**. Ob man wohl auch auf dem **Wasser Ski** fahren kann? Er probierte es aus: Er stellte sich auf zwei glatte **Bretter** und ließ sich von einem **Motorboot** ziehen. Schon die ersten **Fahrversuche** mit diesen neuartigen **Skiern** gelangen.

Schnell sprach sich die **Erfindung** herum. Schon bald eroberte der neue **Sport** die ganze **Welt**. Begeisterte **Tüftler** verbesserten die **Modelle** und entwickelten die **Zugleine**.

Heute gehört **Wasserski** zu den beliebtesten **Wassersportarten**. Ganz mutige **Sportler** lassen sich sogar ohne **Skier** über das **Wasser** ziehen. Ob sie besonders harte **Fußsohlen** haben?

Wörter zum Ableiten: bre**nn**t, tr**äu**men, Einfall, ka**nn**, probierte, stellte, ließ

Wörter zum Einprägen: viele, ver-, Amerikaner, wohl, Boot, Fahrversuch, Sohle

Mögliche Vorgaben

Fremdwort: Skier

Strategie: Nachdenken, Proben anwenden

Übungsschwerpunkt: Großschreiben – Konkreta und Abstrakta

Steinzeitmenschen   Wortzahl: 165

Ein **Junge** aus meiner **Klasse** schrieb neulich diesen **Aufsatz**:

Ich möchte gerne in der **Steinzeit** leben, damit ich mich jeden **Tag** prügeln kann. Damals ist nämlich viel gekämpft worden. Wenn du zu einem **Stamm** gehört hast und hast jemanden aus einem anderen **Stamm** getroffen, da hat man keine langen **Gespräche** geführt, sondern gleich einen **Kampf** angezettelt.

Die **Waffe** jener **Zeit** war die **Keule**. Wer keine hatte, musste sich mit **Fußtritten**, **Fäusten** und **Kopfstößen** verteidigen. Am **Ende** war er aber meist der **Unterlegene**.

In der **Steinzeit** war nie **Frieden**. In den **Großfamilien** gab es immer **Streitereien**(,) und alle waren dreckig. Sie konnten sich auch nicht kämmen, das war aber egal, denn sie hatten sowieso keine **Frisuren**.

Mir würde das **Leben** der **Steinzeitmenschen** gefallen, weil sie viele **Erfindungen** gemacht haben. Sie haben das **Rad** ohne **Speichen** erfunden, die **Keule**, den **Pfahlbau** am **Wasser**, die ersten **Pflüge** und den abgehauenen **Feuerstein**. Der **Mensch** fing an(,) intelligent zu werden, aber er glich noch sehr seinen **Verwandten**, den **Affen**.

Wörter zum Ableiten: Aufsatz, Tag, ka**nn**, viel, gekämpft, Sta**mm**, musste, Fäuste, groß, gab, dreckig, ko**nn**ten, kä**mm**en

Wörter zum Einprägen: nämlich, viel, Gespräch, geführt, ver-, Frisur, Pfahl, Verwandte

Strategie: Nachdenken, Proben anwenden

Übungsschwerpunkt: nominalisierte Verben

Die Hausordnung

Wortzahl: 138

Die Mieter haben Treppen und Vorplätze in Ordnung zu halten. Das **Reinigen** der Treppen haben die Mieter jeweils für ihr Stockwerk zu besorgen.

Das **Abstellen** von Fahrrädern und Kinderwagen sowie das **Lagern** von Lebensmitteln und Getränkekisten im Treppenhaus ist verboten.

Das **Benützen** der Waschküche ist gegen Zahlung einer Gebühr gestattet. Während des **Waschens** sind Waschküchentür und Fenster geschlossen zu halten.

Im Interesse der Hausbewohner ist das **Singen** und **Musizieren** nur von 8.00 bis 12.00 Uhr und von 14.00 bis 22.00 Uhr bei geschlossenen Fenstern gestattet.

Ebenso sind alle störenden Geräusche, insbesondere **Türenzuwerfen** und lautes **Treppenlaufen**, zu vermeiden.

Wir bitten alle Mieter(,) ihre Kinder und Besucher von lautem **Spielen** und **Toben** auf den Grünflächen hinter dem Haus abzuhalten.

Das Halten von Haustieren(,) wie Hunden, Katzen, Vögeln und auch Fischen(,) ist aus Gründen der Reinlichkeit nicht gestattet. Bei Nichtbeachtung dieses Verbotes wird Anzeige erstattet.

Wörter zum Ableiten: Plätze, Fahrräder, Getränke, Fläche, wird

Wörter zum Einprägen: Ordnung, Fahrräder, ver-, Gebühr, während, musizieren, Geräusche

Strategie: Nachdenken, Proben anwenden

Übungsschwerpunkt: nominalisierte Verben nach Artikeln

Demo gegen Beton   Wortzahl: 145

Im Jugendhaus findet ein wichtiges **Treffen** statt. Die Kinder und Jugendlichen haben gehört, dass aus ihrem Abenteuerspielplatz ein großer Parkplatz werden soll. Wenn das passiert, haben sie gar keinen Platz mehr zum **Spielen**. Dagegen wollen sie sich wehren.

Sandra und Ivo haben schon mit einigen anderen über das richtige **Vorgehen** beraten. Sandra erklärt: „Wir machen eine Demo. Wir ziehen mit Spruchbändern durch die Stadt zum Rathaus und übergeben dem Bürgermeister einen Brief, den alle unterschrieben haben.

Klaus, du kümmerst dich um das **Beschriften** der Spruchbänder. Meine Mutter hat versprochen(,) das **Drucken** und **Verteilen** der Handzettel zu organisieren. Die Unterschriftensammlung ist am Samstag in der Innenstadt, wenn die Leute zum **Einkaufen** kommen. Bringt viele Kugelschreiber und die Listen zum **Unterschreiben** mit."

Und Ivo berichtet: „Der Bürgermeister ist auf unserer Seite. Er sagt, die Autos haben genug Platz zum **Parken**. Und außerdem sind Kinder wichtiger als Blech."

Wörter zum Ableiten: Spiel, Platz, soll, passiert, erklärt, Bänder, Brief, Sammlung, Tag, sagt

Wörter zum Einprägen: Jugend, statt, mehr, wehren, Stadt, ver-, viele

Mögliche Vorgaben

Namen: Sandra, Ivo, Klaus

Strategie: Nachdenken, Proben anwenden

Übungsschwerpunkt: nominalisierte Verben nach Artikeln

Ein unheimliches Kribbeln
Wortzahl: 152

Eigentlich wollte Katja nur die Stuntman-Vorführung ansehen. Aber nun steht sie selbst auf einem vier Meter hohen Turm(,) um das **Springen** aus großer Höhe vorzuführen.

In der Schule für Stuntmen ist es nicht weit vom **Zuschauen** zum **Mitmachen**. Der Leiter der Schule versichert zwar allen Besuchern, dass wirklich nichts geschehen kann. Trotzdem spürt Katja ein unheimliches **Kribbeln** in der Magengegend. Aber zum **Umkehren** ist es nun zu spät. Alle Augen sind auf sie gerichtet. Ein kurzes **Zögern**, dann nimmt sie ihren ganzen Mut zusammen, breitet die Arme aus und springt. Sie hat ihre Mutprobe bestanden.

Es gibt hier genug Möglichkeiten, ins **Schwitzen** zu kommen. Da ist zum Beispiel die Kletterwand mit Griffen zum **Festhalten** oder der Turm aus Pappkartons, über den man springen soll. Und dann gibt es noch die Treppe, auf der man das **Hinunterfallen** üben kann.

Eins ist klar: Wer Stuntman werden will, darf keine Angst vor blauen Flecken haben.

Wörter zum Ableiten: wollte, steht, ka**nn**, Gegend, gibt, Beispiel, Pappkarton, so**ll**

Wörter zum Einprägen: vorführen, selbst, ver-, umkehren, ni**mm**t, gibt, hier, wi**ll**, Angst

Mögliche Vorgaben

Fremdwörter: Stuntman (Pl. -men), Kartons

Name: Katja

Strategie: Nachdenken, Proben anwenden

Übungsschwerpunkt: nominalisierte Verben nach Artikeln und Pronomen

Vom Aussterben bedroht
Wortzahl: 132

In den letzten 60 Jahren sind viele Feuchtgebiete trockengelegt worden. Dadurch gerieten viele Tierarten in Gefahr. Auch die Störche waren vom **Aussterben** bedroht, denn sie fanden kein Futter mehr.

Doch nun scheint ihr **Überleben** wieder möglich zu sein. Vor allem in Brandenburg hört man das typische **Klappern** wieder. Hier tut man viel für die schönen Vögel. „Wir legen zum Beispiel kleine Teiche an. Dort siedeln sich schnell Frösche, Fische und Insekten an, die den Störchen als Nahrung dienen. Um überleben zu können(,) braucht eine Storchenfamilie täglich etwa vier Kilogramm Futter", berichtet ein Mitarbeiter des Storchenzentrums.

Die Vogelschützer bemühen sich auch(,) die Störche vor den Stromleitungen zu schützen. Vor allem die Jungtiere sind gefährdet bei ihren ersten Flugversuchen.

Doch die Störche werden überleben. Zahlreiche Storchenfreunde tun alles, um ihr **Vorkommen** in Deutschland zu sichern.

Wörter zum Ableiten: bedroht, viel, Beispiel, täglich, gefährdet, Flug, Land

Wörter zum Einprägen: viel, mehr, hier, Nahrung, Kilogramm, gefährdet, ver-

Mögliche Vorgaben

Fremdwörter: typisch, Insekten

Name: Brandenburg

Strategie: Nachdenken, Proben anwenden

Übungsschwerpunkt: nominalisierte Verben nach Artikeln und Pronomen

Ihr Knarren verriet sie

Wortzahl: 171

Es war schon dunkel. Die Straßenlaternen brannten, doch ihr **Flimmern** konnte die Dunkelheit kaum durchdringen.

Petra und Olli sahen sich an. Jetzt kam es darauf an, nicht bemerkt zu werden. Olli sagte kein Wort. Sein **Schweigen** machte Petra beklommen, obwohl sein ewiges **Reden** ihr sonst immer auf die Nerven ging.

Sie näherten sich dem erleuchteten Haus. Hinter den Fenstern sahen sie die Familie beim Essen sitzen. Petra hatte plötzlich einen Bärenhunger. Ihr Magen verkrampfte sich. Sein lautes **Knurren** machte Olli nervös. „Psst!", zischte er. „Wenn sie uns hören, sind wir dran."

Vorsichtig schlichen sie zu der kleinen Kellertür. „Wir hätten sie ölen sollen", sagte Olli. „Ihr **Knarren** wird uns noch verraten, jetzt, wo wir fast da sind." Vorsichtig drückte er die Klinke herunter.

Da wurde die Tür plötzlich von innen aufgerissen. Ollis Arm wurde ergriffen(,) und jemand zog ihn ins Haus. „Da seid ihr ja, ihr Herumtreiber!", polterte der Vater. „Wie oft soll ich euch noch sagen, ihr sollt vom **Schwimmen** gleich nach Hause kommen! Wir haben uns solche Sorgen gemacht!"

Wörter zum Ableiten: brannten, konnte, sagte, ging, näherten, vorsichtig, hätten, wird, drückte, jemand, soll, sollt

Wörter zum Einprägen: Nerven, plötzlich, Bären, ver-, nervös, seid

Mögliche Vorgaben

Namen: Petra, Olli

Psst!

Strategie: Nachdenken, Proben anwenden

Übungsschwerpunkt: nominalisierte Adjektive nach Artikeln

Der Beschützer der Armen
Wortzahl: 168

Nicht nur in England, sondern auch in Deutschland kennen ihn die **Großen** und die **Kleinen**. Dabei ist nicht einmal sicher, ob er wirklich gelebt hat.

Die Rede ist von Robin Hood, dem Beschützer der **Armen** und dem Schrecken der **Reichen**. Er soll der Sage nach vor etwa tausend Jahren mit einer Schar treuer Gesellen in Sherwood Forest gelebt haben. Ihr größter Feind war der Sheriff von Nottingham, der immer wieder vergeblich versuchte(,) die **Gesetzlosen** gefangen zu nehmen.

Robin und seine Leute wollten die Habgier des Königs und des Sheriffs bekämpfen. Darum beraubten sie die **Adligen** und verteilten ihre Beute an die **Bedürftigen**.

Dabei soll Robin Hood selber ein Graf gewesen sein. Auch seine Familie war der Geldgier des Sheriffs zum Opfer gefallen. Als der Sheriff ihnen ihre Burg und ihr Land wegnahm, floh Robin in die Wälder und kämpfte im **Verborgenen** für das Recht.

Natürlich gewinnen am Ende die **Guten**(,) und die **Bösen** werden bestraft. Robin bekommt seine Burg zurück und dazu die Kusine (Cousine) des Königs zur Frau.

Wörter zum Ableiten: Land, gelebt, soll, tausend, größter, Feind, vergeblich, Gesetz, wollten, Habgier, bekämpfen, beraubten, Adlige, Geldgier, floh, Wälder, kämpfte, bekommt

Wörter zum Einprägen: ver-, nehmen, nahm, zurück, Kusine

Mögliche Vorgaben

Namen: Robin Hood, Sherwood Forest, Sheriff von Nottingham

Fremdwort: Cousine

Strategie: Nachdenken, Proben anwenden

Übungsschwerpunkt: nominalisierte Adjektive nach Artikeln

Wohin mit ihnen?

Wortzahl: 159

Nina und Engin sind Reporter der Schulzeitung „Fix und fertig". Sie wollen für die nächste Ausgabe einen Artikel über das Tierheim schreiben. Heute haben sie einen Termin mit Frau Seele, der Leiterin. Frau Seele berichtet:

„Manchmal bekommen wir Hunde einfach deshalb, weil sie ausgewachsen sind. Die **Jungen** waren noch niedlich. Doch wenn sie größer werden, wollen die Besitzer sie nicht mehr haben. Es ist schlimm, wenn sie hier abgegeben werden. Doch schlimmer ist es, wenn Hunde einfach am Autobahnrastplatz an einen Baum gebunden oder im Wald ausgesetzt werden. Oft sind die **Armen** fast verdurstet, wenn sie gefunden werden. Manche werden auch von Jägern als Streuner abgeschossen.

Das **Schrecklichste** passiert aber vor den Sommerferien. Da bringen uns Leute halb verhungerte Katzen, die sie in Mülltonnen gefunden haben. Hamster werden in Parkhäusern zurückgelassen. Am meisten Glück haben noch die Schildkröten, die irgendwo in einem See freigelassen werden. Manche können überleben. Doch im **Allgemeinen** haben unsere Haustiere allein im **Freien** keine Überlebenschance."

Wörter zum Ableiten: fertig, schlimm, Platz, Jäger, schrecklich, passiert, halb, Häuser, Glück, Schildkröte, allgemein

Wörter zum Einprägen: nächste, Artikel, Termin, wachsen, niedlich, mehr, hier, ver-, Müll, zurück, irgendwo

Mögliche Vorgaben

Fremdwort: Chance

Namen: Nina, Engin, Seele

Strategie: Nachdenken, Proben anwenden

Übungsschwerpunkt: nominalisierte Adjektive nach unbest. Mengenangaben

Unheimliche Geräusche   Wortzahl: 153

Klara war in den Ferien gern auf dem Bauernhof ihrer Großeltern. Fast jeden Tag erlebte sie etwas **Aufregendes**. Zu Hause war es viel langweiliger.

Heute hatte jemand vergessen(,) das Scheunentor zuzumachen. Ein unheimliches Geräusch drang aus dem Innern. Da bewegte sich etwas bei den alten Autoreifen! Zögernd ging Klara auf die Reifen zu. Langsam gewöhnten sich ihre Augen an das Dunkel in der Scheune. Und da sah sie es: Auf einer Radkappe lag etwas **Schwarzes** und miaute kläglich.

Vorsichtig trat Klara an den Reifenstapel heran. „Minka!", flüsterte sie. „Was ist mit dir? Warte, ich hol nur schnell Oma. Die kann dir sicher helfen."

Aufgeregt lief sie aus der Scheune. „Oma! Oma! Komm schnell! Mit Minka ist etwas passiert!" Doch die Großmutter lachte und meinte: „Keine Sorge. Das ist nichts **Schlimmes**. Minka bekommt Junge! Das Beste für Minka ist jetzt Ruhe. Dann erholt sie sich schnell(,) und bald kannst du mit den Kleinen spielen."

Wörter zum Ableiten: groß, Tag, erlebte, viel, jemand, bewegte, zögernd, ging, sah, kläglich, vorsichtig, kann, aufgeregt, Komm!, passiert, bekommt, kannst

Wörter zum Einprägen: viel, ver-, Geräusch, gewöhnten

Mögliche Vorgaben

Namen: Klara, Minka

Strategie: Nachdenken, Proben anwenden

Übungsschwerpunkt: nominalisierte Adjektive nach unbest. Mengenangaben

Wildschweine in Paris
Wortzahl: 139

Sicher kennt ihr die beiden Gallier, für die es nichts **Schöneres** gibt(,) als nach einem gewonnenen Kampf gegen die Römer mehrere gebratene Wildschweine zu verspeisen.

Doch schon vor der Zeit von Asterix und Obelix wurden Wildschweine gejagt. Da die Menschen damals aber weder die Zauberkraft der zwei Gallier noch die nötigen Waffen hatten, mussten sie sich etwas **Schlaues** einfallen lassen. Sie trieben die Wildschweine in Gruben und konnten sie dann ohne Gefahr töten.

Über die Wildschweinjagd wird viel **Unwahrscheinliches** berichtet. Wahr ist aber, dass hungrige Wildschweine im Jahre 1131 bis in die Stadt Paris vordrangen. Dort fraßen sie die Abfälle, die auf den Straßen lagen. Dabei soll etwas ganz **Unglaubliches** geschehen sein. Das Pferd eines Fürsten stolperte über ein Schwein, der Fürst stürzte vom Pferd und brach sich den Hals. Daraufhin wurde Befehl gegeben(,) alle frei herumlaufenden Schweine zu töten.

Wörter zum Ableiten: kennt, gibt, wild, mussten, konnten, Jagd, wird, viel, Abfälle, soll, unglaublich

Wörter zum Einprägen: gibt, mehrere, ver-, Jagd, viel, wahr, Stadt, Befehl

Mögliche Vorgaben

Namen: Gallier, Asterix und Obelix, Paris

Strategie: Nachdenken, Proben anwenden

Übungsschwerpunkt: nominalisierte Adjektive nach unbest. Mengenangaben

So etwas Peinliches
Wortzahl: 169

„Halt, mein Bürschchen, das hast du dir so gedacht", rief der Mann laut. „Den Füller gibst du sofort wieder her."

Daniel erschrak. Er hatte aus dem Kaufhaus einmal etwas **Billiges** mitgenommen(,) ohne dafür zu zahlen. Aber das war wegen der Wette mit Uwe gewesen(,) und hinterher hatten sie beide beschlossen(,) so etwas nie wieder zu tun.

„Was meinen Sie?", stotterte Daniel ängstlich, als der Detektiv ihm jetzt vorwarf(,) heimlich etwas eingesteckt zu haben. „Sie können in meinen Taschen nachsehen. Da ist nichts **Gestohlenes** drin."

Der Detektiv glaubte ihm nicht. Das sei nichts **Neues**. Die Diebe würden immer unverschämter. Er habe schon viel gesehen in diesem Kaufhaus und wundere sich über nichts mehr.

Daniel drehte alle Taschen seiner Jacke und seiner Hose um. Aber da kam kein Füller zum Vorschein. Der Detektiv murmelte etwas **Unverständliches**. Dann musste er aber sein Versehen eingestehen und sich bei Daniel entschuldigen. Er reichte Daniel die Hand und meinte, er habe schon so viel **Unglaubliches** erlebt, da könne einem schon mal ein kleiner Fehler unterlaufen.

Wörter zum Ableiten: rief, gibst, ängstlich, unverschämt, viel, unverständlich, musste, erlebt

Wörter zum Einprägen: gibst, zahlen, ängstlich, gestohlen, ver-, viel, mehr, Fehler

Mögliche Vorgaben

Namen: Daniel, Uwe

Fremdwort: Detektiv

Strategie: Nachdenken, Proben anwenden

Übungsschwerpunkt: Nomen mit Endbausteinen -heit, -keit, -nis, -schaft, -ung

Öffentliche Einladung

Wortzahl: 128

Am 1. April bekommen alle Einwohner eines kleinen Dorfes am Rande der Welt diese **Einladung**:

An die **Bürgerschaft** von Hintertupfhausen!
Hiermit sind alle großen und kleinen Einwohner unserer schönen **Ortschaft** zu dem größten **Ereignis** des Jahres eingeladen. Wir feiern den Schweinetag.

Wie jeder weiß, bringt das Schwein Glück. Am Schweinetag werden alle Leute Glück haben. Es gibt viele **Möglichkeiten**(,) etwas zu gewinnen. Wir bieten Ratespiele rund ums Schwein, ein Wettrennen der Ferkel, die Wahl des schönsten Schweins, die Wahl zum Mister Schweineohr, eine **Belohnung** für den besten Schweinebraten, die **Verleihung** des großen Schweineordens und vieles mehr.

Alle haben **Gelegenheit**(,) alte Freunde zu treffen und neue **Freundschaften** zu schließen. An diesem Tag gibt es keine **Meinungsverschiedenheiten** und erst recht keinen Streit. Dieser Tag wird zum unvergesslichen **Erlebnis** für ganz Hintertupfhausen!

Wörter zum Ableiten: größten, Tag, Glück, gibt, rund, Wettrennen, wird, unvergesslich, Erlebnis

Wörter zum Einprägen: Einwohner, hiermit, Ereignis, weiß, gibt, viele, Wahl, Belohnung, ver-, mehr

Mögliche Vorgaben

Name: Hintertupfhausen

Strategie: Nachdenken, Proben anwenden

Übungsschwerpunkt: Nomen mit Endbausteinen -heit, -schaft, -ung

Eine schöne Bescherung
Wortzahl: 151

Tanja hatte den ganzen Nachmittag lang für die Arbeit gelernt und war nun wirklich müde. Darum fragte sie ihre Eltern, ob sie sich zur **Belohnung** ein Eis aus dem Eiscafé in der **Nachbarschaft** holen dürfe. Die Eltern kannten Tanjas **Leidenschaft** für Eis und erlaubten es ihr natürlich.

Als Tanja ihre **Bestellung** aufgab, sah sie neben sich an der Kasse einen jungen Mann. Das war doch dieser tolle Schauspieler aus der neuen Fernsehserie! Ihre Knie wurden auf einmal ganz weich. Doch Tanja wollte sich ihre **Verlegenheit** nicht anmerken lassen. Schnell zahlte sie das Eis und lief auf die Straße.

Langsam kam sie wieder zur **Besinnung**. Wo war das Eis? Sie hatte nur das Wechselgeld in der Hand. Wütend über ihre **Dummheit** ging sie zurück in das Eiscafé und fragte die Kellnerin nach ihrem Eis. Da machte der Schauspieler eine tiefe **Verbeugung**, lächelte sie an und sagte: „Sieh mal in deiner Tasche nach!"

Wörter zum Ableiten: Tag, kannten, erlaubten, gab, sah, Fernsehserie, wollte, wütend, ging, lächelte, sagte, Sieh!

Wörter zum Einprägen: Belohnung, ver-, zahlte, Wechselgeld, zurück, Kellnerin, Sieh!

Mögliche Vorgaben

Name: Tanja

Fremdwort: Café

Strategie: Nachdenken, Proben anwenden

Übungsschwerpunkt: Nomen mit Endbausteinen -heit, -keit, -schaft, -tum, -ung

Ein genialer Dummkopf

Wortzahl: 136

Bei **Dunkelheit** schalten wir eine Lampe an. Eine Glühbirne sorgt dann für die nötige **Helligkeit**.

Erfunden hat die Glühbirne Thomas Edison. Aber bis er sich einen Namen als Erfinder machte, war es ein weiter Weg.

Als er noch zur Schule ging, schickte ihn sein Lehrer wegen **Dummheit** nach Hause. Doch schnell stellte sich heraus, dass das ein großer **Irrtum** war.

Thomas hatte als kleiner Junge eine schwere **Krankheit**, die sein Gehör schädigte. Diese **Behinderung** hatte der Lehrer für **Dummheit** gehalten. Dass Thomas ausgesprochen klug war, hat er später bewiesen: Als er eine Zeit lang bei der Eisenbahn als Kellner arbeitete, gab er nebenbei für die an **Neuigkeiten** interessierten Fahrgäste eine **Zeitung** heraus und verdiente damit viel Geld. Zu **Reichtum** und **Anerkennung** verhalfen ihm aber schließlich seine zahlreichen **Erfindungen**, zu denen auch die Glühbirne gehört.

Wörter zum Ableiten: Glühbirne, sorgt, Weg, ging, schickte, stellte, Irrtum, schädigte, klug, gab, interessierten, Fahrgäste, verdiente, viel, schließlich

Wörter zum Einprägen: Helligkeit, ver-, Lehrer, Kellner, Neuigkeit, Fahrgäste, viel

Mögliche Vorgaben

Name: Thomas Edison

Strategie: Nachdenken, Proben anwenden

Übungsschwerpunkt: Adjektive als Bestandteil von Eigennamen

Sie laufen wie der geölte Blitz
Wortzahl: 160

„Und nun startet der große Lauf um den ersten Preis im Pferderennen. **Geölter Blitz** aus dem Gestüt Micha Klier ist der Favorit dieser Runde, aber auch Dornröschen und **Schöne von Tom** sind erstklassige Pferde. Da fällt der Startschuss. Was ist das? Der Außenseiter **Gretas Bester** übernimmt die Führung.

Die Pferde laufen ruhig auf dem harten Boden. Doch es ist kein guter Tag für **Geölter Blitz**. Er ist zurückgefallen. Schon ist er zwei Längen hinter **Gretas Bester**, der heute tatsächlich läuft wie ein geölter Blitz!

Die Würfel sind gefallen. Erster Platz für **Gretas Bester**, zweiter für Dornröschen(,) und auch den dritten Platz hat ein Außenseiter gewonnen, **Letzte Hoffnung**, auch aus dem Gestüt Micha Klier." – „Mensch Micha, jetzt quatsch nicht so viel, sondern sammel deine Pferde ein. Greta, du fängst diesmal an. Nun würfel schon", unterbricht Tom Michael. Tom setzt die Plastikpferde wieder an die Startlinie des Spielbrettes und hält Greta den Würfel hin. „Das große Pferderennen" spielt er am liebsten.

Wörter zum Ableiten: fällt, Schuss, ruhig, Tag, Längen, tatsächlich, Platz, Hoffnung, viel, diesmal, Spiel, hält

Wörter zum Einprägen: nimmt, Führung, zurück, viel, Linie

Mögliche Vorgaben

Namen: Micha Klier, Greta, Tom, Dornröschen

Fremdwort: Favorit

Strategie: Nachdenken, Proben anwenden

Übungsschwerpunkt: Adjektive als Bestandteil von Eigennamen

Allein auf dem Stillen Ozean
Wortzahl: 154

Der 14-jährige Japaner Subaru hat als jüngster Segler allein den **Stillen Ozean** überquert. Er erreichte die kalifornische Küste sogar einen Tag vor dem Termin, an dem er ursprünglich ankommen wollte. Dabei hatte Subaru seit fast einem Monat als vermisst gegolten, da sein Funkgerät ausgefallen war.

Bevor Subaru am 22. Juli startete, war seine längste Reise auf dem Wasser ein dreitägiger Segelausflug im **Japanischen Meer** gewesen.

Schon kurz nach dem Aufbruch bekam er Probleme mit dem Motor, von dem die gesamte Stromversorgung auf dem Boot abhing. Nach 4500 Kilometern versagte das Funkgerät(,) und kurz vor dem Ziel konnte er das Großsegel nicht mehr bewegen.

Trotz aller Probleme habe er aber keine Zweifel gehabt, sagte Subaru, als er von seinen überglücklichen Eltern und vielen Journalisten in San Francisco empfangen wurde. Und neue Pläne hat er auch schon. „Mein Traum ist es, das **Kap der Guten Hoffnung** zu umsegeln, wo sich der **Indische Ozean** und der **Atlantische Ozean** treffen."

Wörter zum Ableiten: 14-jährige, jüngster, Segler, Tag, wollte, vermisst, längste, dreitägiger, Ausflug, versagte, Ziel, konnte, groß, gehabt, sagte, glücklich, Pläne, Hoffnung

Wörter zum Einprägen: kalifornisch, Termin, ver-, Gerät, Juli, Meer, Boot, Kilometer, mehr, vielen

Mögliche Vorgaben

Namen: Subaru, Tokio, San Francisco

Fremdwort: Journalist

Strategie: Nachdenken, Proben anwenden

Übungsschwerpunkt: Adjektive als Bestandteil von Eigennamen

Bären in Schwaben?
Wortzahl: 129

Als Polizeiobermeister Dollinger gerade herzhaft in sein Brot beißen wollte, klingelte das Telefon. „Hier Polizeidienststelle **Lange Straße**", murmelte er in den Hörer. Der aufgeregte Anrufer stotterte, er habe im nahe gelegenen **Welzheimer Wald** einen Bären gesichtet.

Und tatsächlich kommen die Raubtiere zurück. So wurden kürzlich in Brandenburg zum ersten Mal seit über 140 Jahren Spuren von Wölfen gefunden. Im **Bayrischen Wald** schleichen Luchse durchs Unterholz. Sie brauchen ein großes Jagdrevier(,) und in ihrer Heimat, dem angrenzenden Böhmerwald, finden sie nicht mehr genügend Lebensraum.

Aber Bären unweit der **Schwäbischen Alb**? Das ist kaum zu glauben. Zwar sind die Tiere aus der **Hohen Tatra** schon bis nach Österreich vorgedrungen, doch bis sie in Deutschland sind, dauert es noch eine Weile. Der gemeldete Bär wurde bisher weder von Spürhunden noch von Hubschraubern gesichtet.

Wörter zum Ableiten: wollte, Dienst, aufgeregt, tatsächlich, Raub, Jagdrevier, genügend, schwäbisch, Land

Wörter zum Einprägen: Polizei, hier, zurück, bayrisch, Luchs, Jagdrevier, Hubschrauber

Mögliche Vorgaben

Namen: Dollinger
        Böhmerwald, Alb, Tatra, Österreich

Strategie: Nachdenken, Proben anwenden

Übungsschwerpunkt: Ableitungen von Orts- und Ländernamen auf -er

Letzte Nachrichten vom Greifswalder Bodden   Wortzahl: 148

Schwere Stürme von Westen sind am Morgen über die **Kieler** Bucht gezogen. Dort ist eine Fähre, die von der **Kieler** Förde in Richtung Dänemark unterwegs war, in Seenot geraten. Alle Insassen konnten jedoch rechtzeitig in Sicherheit gebracht werden.

Zu einem tragischen Unfall kam es dagegen gestern Nachmittag im **Greifswalder** Bodden. Das Unglück ereignete sich, als der Sturm mit etwa 120 Stundenkilometern über die Ostseebucht fegte. Zwei Segler hatten die Sturmwarnung missachtet und waren vom **Lubminer** Yachthafen (Jachthafen) aus in See gestochen. Zeugenaussagen zufolge wollten die beiden Männer die Küste entlang bis zum **Stettiner** Haff segeln. Obwohl die Ostsee hier meistens ruhig ist, waren gestern die Wellen bis zu sieben Meter hoch. Das Boot kenterte, beide Männer wurden über Bord gespült. Während sich der jüngere mit einem Rettungsring über Wasser halten konnte und nach drei Stunden von einem Hubschrauber aus den Wellen geborgen wurde, fehlt von dem älteren bislang jede Spur.

Wörter zum Ableiten: Fähre, unterwegs, konnte, -ig, Unfall, Tag, Unglück, fegte, Segler, wollten, älteren

Wörter zum Einprägen: Fähre, ereignete, Kilometer, miss-, hier, Boot, Bord, Hubschrauber, fehlt

Mögliche Vorgaben

Namen: Kiel, Dänemark, Lubmin, Stettin

Fachwörter: Yacht (Jacht), Haff

Strategie: Nachdenken, Proben anwenden

Übungsschwerpunkt: Ableitungen von Orts- und Ländernamen auf -er

Grüße aus dem Pfälzer Wald   Wortzahl: 160

Liebe Steffi,

seit einer Woche schleppen mich meine Eltern über jeden Hügel zwischen dem **Pfälzer** Bergland und dem **Pfälzer** Wald. Und wenn gerade kein Hügel zu sehen ist, steht da bestimmt irgendeine Kirche oder ein Kloster, das man gesehen haben muss.

Natürlich haben wir auf der Herfahrt auch das Stadtmuseum in Ludwigshafen besucht. Das war sehr interessant, denn meine Tante arbeitet dort. Sie kümmert sich um die alten Bilder. Mit ihr bin ich durch die finstersten Kellerräume gezogen, in denen die kaputten Bilder stehen, und sie hat spannende Geschichten über deren Herkunft erzählt. Das war tausend Mal (tausendmal) besser als jede **Wolfsteiner** Höhle oder wie die heißt.

Ich hoffe, es gefällt dir an der **Mecklenburger** Seenplatte. Wenn wir wieder zu Hause sind, musst du mir alles erzählen. Wie sind die Leute in deinem Segelkurs? Ich würde auch gerne segeln, aber hier gibt es bloß den **Einöder** Fischbach. Auf dem kann höchstens ein Papierschiffchen fahren.

Viele Grüße und bis bald,
deine Meli

Wörter zum Ableiten: Pfälzer, Land, steht, bestimmt, muss, Räume, tausend, gefällt, gibt, kann, Papier

Wörter zum Einprägen: irgendeine, Fahrt, Stadt, erzählt, Höhle, hier, gibt, bloß, fahren, viele

Mögliche Vorgaben

Namen: Steffi, Meli
       Ludwigshafen, Mecklenburg

Strategie: Nachdenken, Proben anwenden

Übungsschwerpunkt: Großschreibung – gemischt

Es geht ums Überleben

Wortzahl: 186

Im **Laufe** des **Sommers** muss ein **Igel** viele **Schnecken** und **Würmer** fressen. Denn wenn er seinen **Winterschlaf** beginnt, muss er mindestens 750 **Gramm** wiegen. Sonst ist sein **Überleben** nicht gesichert – es sei denn, ein **Mensch** hilft.

Wenn du einem **Igel** einen **Unterschlupf** bieten willst, solltest du das **Folgende** beachten: Die **Schlafkiste** und die **Futterstelle** müssen im **Trockenen** liegen. Als **Schlafkiste** eignet sich eine **Holzkiste**, die mit der offenen **Seite** nach unten auf dem **Boden** steht. Die **Kiste** muss auch **Öffnungen** in einer **Seitenwand** haben. Du solltest die **Kiste** mit einer **Plastikplane** abdecken. In die **Plane** schneidest du ein **Loch**, das für den **Igel** groß genug ist, für eine **Katze** aber zu klein.

Heu oder eine andere **Streu** braucht dein **Igel** nicht. Als **Nahrung** ist **Hundefutter** oder **Katzenfutter** das **Beste**. Zum **Trinken** gibt es **Wasser**, denn von **Milch** bekommen die **Tiere** leicht **Durchfall**.

Zur richtigen **Pflege** gehört auch das tägliche **Beseitigen** von **Futterresten** und das gründliche **Reinigen** der **Näpfe**. Sonst können **Keime** entstehen, die die **Tiere** krank machen.

Mit einer solchen artgerechten **Versorgung** tust du wirklich dein **Bestes** für den **Igel**(,) und er wird den **Winter** gut überstehen.

Wörter zum Ableiten: muss, beginnt, solltest, steht, Öffnung, groß, gibt, Durchfall, täglich, gründlich, Näpfe, wird

Wörter zum Einprägen: Igel, viele, Gramm, willst, eignet, Nahrung, gibt, ver-

Strategie: Nachdenken, Proben anwenden

Übungsschwerpunkt: Großschreibung – gemischt

Der Arme und der Reiche
Wortzahl: 199

In einem **Dorf** lebten zwei **Bauern Tür** an **Tür**. Einer war reich und geizig, der andere arm, aber gastfreundlich.

Eines **Tages** kam ein alter **Bettler** und bat den **Reichen** um ein **Nachtlager**. Der **Geizhals** aber wollte ihn nicht einlassen.

Da ging der **Bettler** zu dem **Armen**. Der gab ihm zum **Abendessen** gekochte **Bohnen** und für die **Nacht** einen **Strohsack**. „Nimm", sagte er freundlich. „Etwas **Besseres** habe ich nicht."

Zum **Dank** schenkte der **Alte** dem **Armen** eine **Bohne**, die er sogleich einpflanzen sollte. Am anderen **Morgen** war die **Bohne** bis zum **Dach** der **Hütte** gewachsen. Schon nach wenigen **Tagen** konnte der **Arme** ernten. Er verkaufte die **Bohnen** und wurde bald reicher als sein **Nachbar**.

Als der **Bettler** im nächsten **Jahr** wieder an die **Tür** des **Geizigen** klopfte, hatte der ihn schon erwartet. Er zeigte dem **Bettler** das **Nachtlager** und fragte sofort nach der **Bohne**. Gleich am nächsten **Abend** setzte er sie nah am **Haus** in die **Erde**. Doch in der **Nacht** schreckte das **Knarren** der **Dachbalken** den **Geizigen** auf. Kaum war er ins **Freie** gestürzt, brach sein **Haus** unter der riesigen **Pflanze** zusammen.

So verlor er sein **Hab** und **Gut**, sein **Nachbar** aber war weiterhin großzügig und tat viel **Gutes**.

Wörter zum Ableiten: lebten, -ig, Bettler, wollte, gab, Sack, sagte, sollte, konnte, nah, schreckte, Hab, groß, viel

Wörter zum Einprägen: Abend, Bohne, Stroh, Nimm!, gewachsen, ver-, nächsten, viel

Strategie: Nachdenken, Ableiten

Übungsschwerpunkt: Verben mit gleich und ähnlich klingenden Konsonanten

Melanies Tier

Wortzahl: 168

In Melanies Leben ist manches anders als in deinem. Wenn du aus dem Bett **steigst**, **legt** sie sich hin. Wenn du im Juli am Baggersee **liegst**, **bleibt** sie lieber zu Hause. Dafür **singt** sie die Weihnachtslieder im Dezember am Strand. Melanie **lebt** in Australien.

Natürlich hat Melanie auch ein Haustier, das sie sehr **liebt**. Und das kam so:

Monatelang **bat** sie ihre Eltern: „**Schenkt** mir doch bitte ein Tier. Sarah **kriegt** von ihrer Mutter einen Kakadu, dem **bringt** sie dann das Sprechen bei. Tim hat einen Hund. Mick hat eine Ratte. Und was habe ich?" Doch ihre Eltern wollten kein Haustier haben.

Als Melanie eines Tages das Garagentor **aufschob**, **lag** neben dem Auto ein Pelzknäuel. Es war ein junges Känguru! Da wurden auch ihre Eltern weich.

Jetzt **lebt** Eddie bei Melanie. Er **folgt** ihr überall hin(,) und ihre Mutter **erlaubt** ihm sogar(,) ins Haus zu kommen. Und wenn Melanie spazieren geht, **springt** Eddie in ihren Rucksack und kommt mit. Da **zeigt** sich eben, dass Eddie ein Beuteltier ist.

Weitere Wörter zum Ableiten: Strand, kriegt, wollten, überall, geht, Rucksack, kommt

Wörter zum Einprägen: Juli, Weihnachten, Knäuel

Zusammenschreibung: monatelang

Mögliche Vorgaben

Namen: Melanie, Eddie, Sarah, Mick, Australien

Fremdwörter: Garage, Kakadu, Känguru

Strategie: Nachdenken, Ableiten

Übungsschwerpunkt: Verben mit gleich und ähnlich klingenden Konsonanten

Jeder kriegt, was er verdient
Wortzahl: 142

Bei Schillers hat jeder seine Aufgabe. Tobias **pflegt** den Hund(,) und Bea ist für den Garten zuständig. Meistens macht das auch Spaß, aber manchmal findet Bea es doch langweilig.

Heute ist so ein Tag. Bea **fegt** die Wege. Alles **liegt** voller Blätter. Der Wind **bläst** die Blätterhaufen immer wieder auseinander(,) und die Arbeit **fängt** von vorne an.

Gerade will Bea aufgeben, da **biegt** Tobi mit Bello um die Ecke. „Der Hund geht mir auf die Nerven", **klagt** er. „Ich möchte es auch mal so gut haben wie du."

Bea **grinst**. „Die Wege sind schnell **gefegt**", schwindelt sie und **schwingt** mit gespielter Begeisterung den Besen.

Tobias **schlägt** einen Tausch vor: Bea **kriegt** den Hund und er den Besen. Gnädig stimmt Bea zu. Tobi **gibt** ihr zufrieden die Hundeleine. Schnell verschwindet Bea mit Bello. Kaum sind sie auf der Straße, **springt** sie vergnügt davon.

Weitere Wörter zum Ableiten: zuständig, Spaß, langweilig, Tag, Blätter, Wind, bläst, will, biegt, geht, gespielt, gnädig, stimmt, vergnügt

Wörter zum Einprägen: vorne, Nerven, gibt, ver-

Mögliche Vorgaben

Namen: Tobi(as), Bea, Bello

Strategie: Nachdenken, Ableiten

Übungsschwerpunkt: Verben mit ä/äu

Wenn es Jule nicht gäbe! Wortzahl: 154

Doris reibt sich verschlafen die Augen. Warum **läutet** der Wecker heute denn nicht? Da **fällt** ihr ein: Es ist Sonntag! Sie steht auf und geht zum Fenster. Im Garten **räumt** Oskar das Holz für den Winter weg.

Aber was ist das? Da miaut doch etwas! Doris **läuft** in die Küche. Dort liegt die Hündin Jule in ihrer Kiste. Neben ihr **schläft** ein kleines Kätzchen.

„Oskar, Oskar! Komm und schau!", ruft Doris aufgeregt. Oskar kommt und betrachtet das Tierchen von allen Seiten. Dann **schnäuzt** er sich nachdenklich die Nase. „Es ist noch zu klein(,) um ohne Mutter zu überleben. Es braucht noch Milch und jemanden, der es **wärmt**", stellt er fest.

Das Kätzchen wird wach. Es **kämpft** sich zu Jules Bauch vor, sucht, findet eine Zitze und trinkt! Jule hatte bis vor kurzem ihre eigenen Jungen **gesäugt**. „Wer **hätte** das gedacht! So kann es ja doch überleben", meint Doris. Staunend beobachten sie das ungewöhnliche Paar.

Weitere Wörter zum Ableiten: reibt, fällt, steht, geht, Kätzchen, Komm!, aufgeregt, kommt, stellt, wird, gesäugt, kann, staunend

Wörter zum Einprägen: ver-, ungewöhnlich, Paar

Mögliche Vorgaben

Namen: Doris, Oskar, Jule

Fachwort: Zitze

Strategie: Nachdenken, Ableiten

Übungsschwerpunkt: Verben mit ä/äu

Winterträume   Wortzahl: 162

Siggi sitzt im Klassenzimmer. In fünf Minuten **fängt** die erste Stunde an. Die anderen Kinder toben durch die Klasse.

Siggi **träumt** mit offenen Augen: Sie segelt über den Ozean. Das Boot **bäumt** sich gegen die Wellen auf. Mit dunklen Wolken **nähert** sich ein Sturm. Die Wellen **schäumen**. Am Horizont kann sie Land sehen! Sie **hält** direkt darauf zu(,) und nach kurzer Zeit **vertäut** sie ihr Boot am Ufer. Inzwischen ist der Himmel pechschwarz. „Was das noch gibt", murmelt sie. Am besten, sie **schläft** in der Kajüte. Draußen **bläst** der Sturm. Das Boot schwankt hin und her. Da – was ist das? Es **läutet**! – Ach so, die Stunde **fängt** an.

Aber das Läuten klingt ganz anders als das der Schulglocke. Siggi sieht sich um. Ihr Wecker klingelt(,) und ihre Mutter schüttelt sie: „Wach auf, du musst in die Schule!" Siggi reißt die Augen weit auf. „Guten Morgen, Mama. Denk nur, ich habe im Traum **geträumt**. Bin ich jetzt wach?", fragt sie und **lächelt** verschlafen.

Weitere Wörter zum Ableiten: sitzt, kann, Land, gibt, klingt, sieht, musst, reißt

Wörter zum Einprägen: Minute, Boot, Horizont, direkt, ver-, gibt, sieht

Großschreibung: das Läuten

Zusammenschreibung: pechschwarz

Mögliche Vorgaben

Name: Siggi

Fachwort: Kajüte

Strategie: Nachdenken, Ableiten

Übungsschwerpunkt: Verben mit silbentrennendem h

Mein Computer geht nicht

Wortzahl: 136

Es klingt vielleicht unmöglich, aber es **geschah** tatsächlich:

Ein junger Mann kam in ein Computergeschäft. Er **sah** sich sämtliche Modelle an, **drehte** an allen Knöpfen und stellte tausend Fragen. „Kann man mit dem Gerät auch fernsehen? Kann man eigene Programme schreiben, wenn man die Zahl der Tasten **erhöht**? **Verleiht** Ihre Firma auch Computerspiele?"

Die Verkäuferin **bemühte** sich(,) alle Fragen zu beantworten(,) und endlich kaufte der Kunde einen Computer und viel Zubehör.

Aber schon am nächsten Tag stürmte er wieder ins Geschäft und **drohte** wütend: „Ich werde mich über Sie beschweren! Sie haben mir das falsche Gerät verkauft! Im Handbuch **steht**, man soll die Disketten mit dem Betriebssystem in das Laufwerk laden. Aber das Betriebssystem ist auf sieben Disketten gespeichert(,) und so viel ich auch quetsche, mehr als eine Diskette **geht** in das Laufwerk einfach nicht hinein!"

Weitere Wörter zum Ableiten: klingt, tatsächlich, stellte, tausend, kann, Verkäuferin, endlich, viel, Tag, wütend, soll

Wörter zum Einprägen: vielleicht, Geschäft, sämtliche, Gerät, ver-, viel, nächsten, mehr

Mögliche Vorgaben

Fremdwörter: Diskette, Betriebssystem

Strategie: Nachdenken, Ableiten

Übungsschwerpunkt: Verben mit silbentrennendem h

Wehende Wäsche Wortzahl: 167

Joseph-Michel Montgolfier **sah** erstaunt auf den Unterrock seiner Frau. Vor 200 Jahren **nähte** man in die so genannte „Krinoline" Stäbe ein, damit der lange Rock weit **absteht**. Ein solcher Unterrock hing auf der Wäscheleine über einem Ofen. Dabei **blähte** der Unterrock sich auf und stieg immer höher, bis er an die Zimmerdecke stieß.

Es ist oft ein Zufall, der zu einer Erfindung führt. Die Beobachtung, wie der Unterrock durch die warme Luft nach oben gehoben wurde, brachte Montgolfier auf den Gedanken(,) einen Heißluftballon zu entwickeln. Bald baute er sein erstes Modell. Der Start glückte(,) und er **bemühte** sich(,) seine Erfindung dem König vorzustellen. Aus den kleinen Versuchsmodellen aus Papier wurden später bis zu 30 Meter hohe Ballons aus Leinen oder Seide.

Die Menschen auf dem Land wussten nicht, was im fernen Paris **geschah**. Als einmal ein Ballon über ein Dorf flog, **mähten** die Bauern gerade Gras. Der Ballon platzte(,) und seine Hülle landete auf einer Kuh. Die erschrockenen Bauern schlugen auf das Ungeheuer ein, bis die arme Kuh **floh**.

Weitere Wörter zum Ableiten: nähte, genannt, Stäbe, stieg, stieß, Zufall, heiß, glückte, Papier, Land, wussten, platzte

Wörter zum Einprägen: blähte, führt, ver-, mähten

Mögliche Vorgaben

Name: Joseph-Michel Montgolfier

Fremdwörter: Krinoline, Modell

Strategie: Nachdenken, Ableiten

Übungsschwerpunkt: Verben mit Doppelkonsonanten

Wenn er kommt, tobt die Menge

Wortzahl: 162

Heute **stellt** euch „Primo" den Star der „Roten Rosen" vor: Rolo.

Schon als Baby **brüllt** Klein-Rolfi laut und in allen Tonlagen. Seine Mutter **schleppt** ihn zur Musikschule, weil er ein Instrument erlernen **soll**. Klein-Rolfi denkt sich: „Wenn ich das erst **kann**, werde ich berühmt(,) und meine Familie **schwimmt** im Geld."

Aber dieser Traum **erfüllt** sich nicht sofort. Erst **muss** er zur Schule gehen und leidet dort sehr. Vor allem in Musik **schafft** er höchstens ein Ausreichend.

Als ihm wieder einmal gesagt wird, dass er völlig unmusikalisch ist, **rennt** er einfach davon. Doch nun greift das Schicksal ein: Auf der Straße **prallt** er mit dem Eigentümer der Doremi-Plattenfirma zusammen. Der schimpft zuerst einmal, **lässt** ihn dann aber in sein Studio kommen.

Natürlich **stellt** sich Rolfi schon am nächsten Tag bei der Firma vor und **gewinnt** die Herzen der Studioleute im Sturm.

Seither **nennt** er sich Rolo und **schnappt** sich jedes Jahr eine goldene CD. Ob sein Musiklehrer ihn noch **kennt**, weiß man nicht.

Weitere Wörter zum Ableiten: Ausreichend, gesagt, wird, völlig, Tag

Wörter zum Einprägen: Baby, Musik, berühmt, völlig, unmusikalisch, Schicksal, nächsten, Lehrer, weiß

Großschreibung: ein Ausreichend

Mögliche Vorgaben

Namen: Rolo, (Klein-)Rolfi, Doremi-Plattenfirma, Primo

Fremdwort: Studio

Strategie: Nachdenken, Ableiten

Übungsschwerpunkt: Verben mit Doppelkonsonanten, auch ck

Leben im All?   Wortzahl: 168

Seit vielen hundert Jahren haben die Menschen in den Himmel **geblickt** und darüber nachgedacht, ob es irgendwo im Weltall Leben gibt. Raumschiffe mit Nachrichten von der Erde werden in den Weltraum **geschickt**(,) und man **hofft** auf Antwort. – Bis jetzt hat sich diese Hoffnung nicht **erfüllt**.

Bis jetzt – aber nun wurde eine aufregende Entdeckung gemacht. Vor einiger Zeit **prallten** zwölf Meteoriten vom Mars auf die Erde. Dabei zersplitterten sie in viele kleine Stücke.

Die faustgroßen Gesteinsbrocken wurden in ein amerikanisches Labor **geschafft** und untersucht. Die Wissenschaftler **entdeckten**, dass einer der Steine feine Risse hatte. Durch diese Risse **muss** vor Milliarden von Jahren einmal Wasser geflossen sein. Darin **schwamm** eine einfache Lebensform. Die **konnte** man noch nach so langer Zeit in den Gesteinsrissen nachweisen.

Die Lebensform, die man in dem Gestein fand, **kann** man zwar nicht mit Lebewesen auf der Erde vergleichen. Trotzdem ist die Entdeckung für die Wissenschaft sehr wichtig. Denn wenn es auf dem Mars diese Lebensform gab, warum **soll** es dann nicht auch kleine grüne Männchen geben?

Weitere Wörter zum Ableiten: gibt, Hoffnung, gab

Wörter zum Einprägen: vielen, irgendwo, gibt, amerikanisch, ver-

Zusammenschreibung: faustgroß

Mögliche Vorgaben

Fremdwörter: Meteorit, Labor

Strategie: Nachdenken, Ableiten

Übungsschwerpunkt: Verben mit Doppelkonsonanten, auch ck und tz

Wer gewinnt? Wortzahl: 159

Erkan **rennt**, als ginge es um sein Leben. Der Schweiß **rinnt** ihm in die Augen und **brennt** wie Feuer. Ob er es wohl **schafft**? Heute ist der große Wettkampf.

Erkan hat viel getan(,) um sein Ziel zu erreichen. Wenn seine Freunde die Badehose **einpackten**, ging er zum Training. Die ganze Schule **nennt** ihn schon „Marathon-Mann". Wenn er jetzt nicht **gewinnt**, **kann** er sich nirgends mehr sehen lassen.

Erkan **guckt** sich um. Er **kennt** den schnellen Schritt von Alex. Alex **kommt** näher, Erkan **muss** aufpassen. Er **hasst** es, wenn jemand ihm so dicht folgt. Der Ehrgeiz **packt** ihn.

Das Publikum **brüllt**, die Spannung hat alle Zuschauer **erfasst**. Keiner **sitzt** mehr auf seinem Platz. Jeder **hofft**, sein Favorit möge gewinnen.

Jetzt **setzt** Erkan sich von seinem Verfolger ab. Sein Schädel **brummt**, die Lunge tut weh, aber gleichmäßig **setzt** er einen Fuß vor den anderen. Und er **schafft** es! Mit letzter Kraft wirft er sich ins Ziel. Sein Traum hat sich **erfüllt**!

Weitere Wörter zum Ableiten: Wettkampf, viel, Ziel, Schritt, näher, jemand, folgt, Platz, gleichmäßig

Wörter zum Einprägen: Schweiß, wohl, viel, nirgends, mehr, Ehrgeiz, ver-, Schädel

Mögliche Vorgaben

Namen: Erkan, Alex

Fremdwörter: Training, Marathon-Mann, Publikum, Favorit

Strategie: Nachdenken, Ableiten

Übungsschwerpunkt: Verben mit Doppelkonsonanten, auch ck und tz

Im Zoo
Wortzahl: 187

Heute geht Eva mit ihrem Großvater in den Zoo. Und weil es so warm ist, **bekommt** sie ein Eis.

Sie **schleckt** ihr Eis und läuft zum Affenhaus. Dort **hockt** ein Schimpanse hinter der dicken Glasscheibe. Als er Eva sieht, schlendert er zu einem Korb, greift nach einer Banane und **setzt** sich vor Eva ans Fenster. Jetzt **leckt** er an der Banane, als wäre sie ein Eis. Eva **schluckt** schnell den letzten Bissen hinunter und pocht mit dem Finger an die Scheibe. Der Affe **blickt** sie an und pocht zurück. Eva klopft etwas weiter oben gegen die Scheibe. Der Affe **kratzt** sich, **streckt** dann seinen Arm aus und klopft an die gleiche Stelle.

„Das **muss** man den Affen lassen", meint Evas Großvater, „sie sind wirklich pfiffig."

Da **kommt** Eva eine Idee. Sie **stellt** einen der Zuschauerstühle an die Scheibe und klettert hinauf. Der Affe **passt** gut auf. Eva **tippt** mit dem Stock ihres Großvaters ganz oben an die Scheibe. Der Affe **rückt** von der Scheibe weg und **starrt** sie an. Dann **fasst** er nach einem Seil, schwingt sich auf seinen Baum und **tippt** sich gelassen an die Stirn.

Weitere Wörter zum Ableiten: geht, groß, sieht, Korb, wäre, pfiffig, schwingt

Wörter zum Einprägen: sieht, zurück, Idee

Mögliche Vorgaben

Name: Eva

Fremdwort: Schimpanse

Strategie: Nachdenken, Ableiten

Übungsschwerpunkt: Verben – gemischt

Leben wie die Indianer

Wortzahl: 178

Hast du Lust(,) einmal wie ein Indianer zu leben, auch wenn es nur für ein paar Wochen in den Ferien ist? Wie **wäre** es, wenn du einmal ein Tipi im Garten aufstellen würdest?

Tipi heißen die Zelte der Indianer. Sie wurden aus mehreren Büffelhäuten **angefertigt**, die über ein Gerüst aus langen Stangen **gelegt** wurden. Für dein Tipi **genügt** aber Stoff.

Zuerst machst du dir eine Schablone. Dafür **benötigst** du einen großen Bogen Papier. Du **besorgst** dir eine Schnur von etwa 1,60 Meter Länge und **befestigst** das eine Ende in einer Ecke des Bogens. An das andere Ende bindest du einen Stift. Wenn du die Schnur straff **ziehst** und den Stift **festhältst**, **kannst** du einen Viertelkreis auf das Papier zeichnen. Dann teilst du den Viertelkreis in drei gleiche Dreiecke. Eines davon **legst** du als Schablone auf deinen Stoff.

Nun schneidest du sechs Dreiecke aus dem Stoff und **nähst** sie an den langen Seiten zusammen, damit du einen Halbkreis **bekommst**. Diese Hülle wirfst du über sechs lange Stangen, die du als Gerüst **aufgestellt** hast. Mit Bändern **kann** das Tipi geschlossen werden.

Weitere Wörter zum Ableiten: Häute, Stoff, Papier, Länge, straff, Halbkreis, Bänder

Wörter zum Einprägen: ein paar, mehreren, **Viertelkreis**

Mögliche Vorgaben

Fremdwörter: Tipi, Schablone

Strategie: Nachdenken, Ableiten

Übungsschwerpunkt: Verben – gemischt

Ich freue mich, wenn du kommst

Wortzahl: 160

Hallo Holger!

Du **fragst** dich sicher, warum du von mir Post **bekommst**. Ich möchte dich gerne zu meiner Geburtstagsfeier am nächsten Samstag einladen.

Da du noch nie bei uns warst, beschreibe ich dir den Weg.

Bei der Schule **steigst** du am besten in die Linie 8, **gehst** zum Fahrer und redest so lange auf ihn ein, bis er dich in der Gartenstraße aussteigen **lässt**.

In der Gartenstraße **folgst** du dem Strom meiner Bewunderer. Mit ihnen **biegst** du nach 153 Metern rechts in die Waldstraße. Wenn du zum Haus Nummer 13 **kommst**, **spuckst** du dreimal über die linke Schulter, weil du es **geschafft** hast.

Dann klopfst du an die Tür, aber es **wird** dir wahrscheinlich keiner öffnen, weil alle im Garten sind. Also schleichst du ums Haus herum. Aber **pass** auf, sonst **fällst** du noch über den Kaffeetisch.

Ich hoffe, du **verläufst** dich nicht und **kannst** um 15.00 Uhr bei uns sein. Du **kriegst** dann auch was zu essen und zu trinken.

Bis dann,
Niko

Weitere Wörter zum Ableiten: Tag, Weg, öffnen

Wörter zum Einprägen: nächsten, Linie, Fahrer, wahr, ver-

Zusammenschreibung: dreimal

Mögliche Vorgaben
Namen: Holger, Niko

Strategie: Nachdenken, Ableiten

Übungsschwerpunkt: Doppelkonsonanten in zusammengesetzten Nomen

Herrn Lemkes Kaninchen

Wortzahl: 165

Fips und Nana würden sich gern mal im Garten gegenüber umsehen. Aber sie trauen sich nicht – jedenfalls nicht, wenn Herr Lemke da ist. Der schimpft immer. Vor allem(,) wenn jemand seinen **Nussbaum** schüttelt, gibt es Krach.

Aber die Nüsse schmecken so gut. Und hinten im Garten stehen Kaninchenställe mit niedlichen Kaninchen. Die möchten die beiden nur einmal anfassen.

Heute ist Herr Lemke weggegangen. Das ist die Gelegenheit! Fips und Nana schleichen an die Kaninchenställe heran. Am schönsten ist Otto, der **Stammvater**. Doch kaum öffnet Fips den **Klappladen**(,) um Otto zu streicheln, da springt das Kaninchen davon.

„Du **Dummkopf**!", ruft Nana und versucht(,) Otto einzufangen. Aber Otto schlägt Haken und gewinnt das **Wettrennen**.

Jetzt kommt auch noch Herr Lemke zurück! Doch er schimpft nicht, sondern holt einen roten **Stofffetzen** und legt ihn in Ottos Kiste. Sofort hoppelt Otto in seinen Stall.

„Ja, das Leben ist voller Überraschungen", lächelt der alte Mann. „Jetzt holt einen Korb(,) und fangt mit der **Nussernte** an. Die Nüsse könnt ihr behalten."

Weitere Wörter zum Ableiten: jedenfalls, jemand, gibt, Ställe, öffnet, springt, gewinnt, kommt, lächelt, Korb, könnt

Wörter zum Einprägen: gibt, niedlich, ver-, zurück

Mögliche Vorgaben

Namen: Fips, Nana, Otto,

Strategie: Nachdenken, Ableiten

Übungsschwerpunkt: -ig und -lich am Wortende

Ein guter Rat

Wortzahl: 167

Der Sommer war **herrlich**. **Täglich** schien die Sonne. Die Grille sang ihre Lieder und machte sich **lustig** darüber, wie **fleißig** die Ameise Vorräte sammelte. Wer dachte jetzt schon an den Winter? Er war der Grille **gleichgültig**, sie war **fröhlich** und freute sich des Lebens.

Aber der Sommer ging vorüber(,) und es wurde **erbärmlich** kalt. Es war **unmöglich**, etwas zu essen zu finden.

Da erinnerte sich die Grille an die Ameise. Sie ging zu ihr und klopfte an ihre Tür. „Ich bin **hungrig**", sagte die Grille. „Hast du nicht etwas zu essen für mich **übrig**?"

Die Ameise wurde **ärgerlich**. „Was hast du im Sommer getan?", fragte sie. – „Ich habe gesungen", antwortete die Grille **traurig**. „Dann tanze jetzt!", sagte die Ameise **zornig** und warf die Tür zu.

Die Grille begann **wirklich** zu tanzen. Sie tanzte so **großartig**, dass sie vom Ballett entdeckt wurde. Sie tanzte nur einen Winter, dann hatte sie es nicht mehr **nötig**, zu arbeiten. Sie kaufte sich ein Haus im Süden und lebte **glücklich** und zufrieden.

Weitere Wörter zum Ableiten: herrlich, täglich, schien, Vorräte, fröhlich, ging, sagte, begann, groß, entdeckt, lebte, glücklich

Wörter zum Einprägen: erbärmlich, ärgerlich, mehr

Mögliche Vorgaben

Fremdwort: Ballett

Strategie: Nachdenken, Ableiten

Übungsschwerpunkt: Gleich und ähnlich klingende Konsonanten

Vorschlag für einen Ausflug Wortzahl: 130

Könnt ihr euch ein Leben ohne **Kühlschrank** und **Elektroherd** vorstellen? Oder eine **Wohnung** ohne **Bad** und elektrisches **Licht**?

Wenn ihr wissen wollt, wie man früher ohne diese Dinge auskommen konnte, dann macht doch einmal einen **Ausflug** in ein Freilichtmuseum. In einem solchen Museumsdorf stehen schöne alte Bauernhäuser aus der **Gegend**. Sie wurden an ihrem früheren **Standort vorsichtig** abgetragen und an ihrem neuen Platz mit viel **Geduld** wieder aufgebaut. Manche Häuser sind sogar **vollständig** eingerichtet.

In einigen Museumsdörfern **wird Verpflegung** für die **Rückfahrt** oder frisches Obst und Gemüse angeboten.

Wenn ihr Glück **habt**, könnt ihr einem **Schmied** bei der **Arbeit** zusehen(,) und vielleicht **wird** im Sommer an den Wochenenden für die Besucher **Brot** gebacken. So ein **herrlich** duftendes **Brot** mit frischer Butter und **goldgelbem** Honig **schmeckt großartig** an einem schönen **Sommertag**.

Weitere Wörter zum Ableiten: könnt, wollt, konnte, Häuser, Platz, viel, vollständig, Glück, Schmied, herrlich

Wörter zum Einprägen: kühl, viel, ver-, Rückfahrt, Obst, vielleicht, Honig

Mögliche Vorgaben

Fremdwörter: Elektro-, elektrisch

Strategie: Nachdenken, Ableiten

Übungsschwerpunkt: Gleich und ähnlich klingende Konsonanten

Ein übler Vorschlag
Wortzahl: 171

„Warum bist du denn so **traurig**?", **fragte** der junge Mann **freundlich**. Silke kannte ihn nicht. Er war nicht aus dieser **Gegend** und lief ihr heute zum ersten Mal über den **Weg**.

„Hast du Ärger mit deinen Eltern? Oder Pech in der Schule?" – Woher wusste er von der Fünf in Mathe? Wenn sie die **Arbeit** heute **Mittag** zu Hause **zeigte**, würde ihr Vater **ganz** schön **ungemütlich** werden.

„Kein **Grund** zur Panik. Schau mal, dieses kleine **Ding bringt** dich wieder nach oben. Ich mache dir einen **Vorschlag**: Du testest das(,) und wenn ich wieder mal hier bin, reden wir darüber." Er hatte eine kleine blaue Pille in der **Hand**.

Da wurde Silke **ärgerlich**. Sie hatte von den Kerlen gehört, die jede **Möglichkeit** nutzten(,) um mit dem **Unglück** anderer Leute **Geld** zu verdienen. Aber das war dann der **Anfang** vom Ende. Mit diesen Dingern begannen die **Schwierigkeiten** erst **richtig**(,) und so schlimm war ihr Vater nun **wirklich** nicht.

„Hau ab, Mensch!", zischte sie **endlich**. „Darauf kann ich verzichten. Leute wie du gehören ins **Gefängnis**."

Weitere Wörter zum Ableiten: kannte, wusste, nutzten, schli**mm**, kann, Gefängnis

Wörter zum Einprägen: Ärger, Mathe, ver-,

Großschreibung: die Fünf

Mögliche Vorgaben

Name: Silke

Fremdwort: Panik

Strategie: Nachdenken, Ableiten

Übungsschwerpunkt: Gleich und ähnlich klingende Konsonanten

Rache ist süß

Wortzahl: 167

Jeden **Samstag fegt** Georg den Platz vor dem **Würstchenstand**. Das ist viel **Arbeit**. Die Leute lassen **ständig** fallen, was sie gerade in der **Hand** haben. Das Fegen ist zwar **langweilig**, aber Georg muss **unbedingt Geld** verdienen. Er spart auf ein neues **Rad**.

Auch heute **Mittag** war wieder viel **Betrieb** an dem **Stand**(,) und alles war **schmutzig**. Aber nun ist Georg fast **fertig**. Da sieht er **plötzlich**, wie **jemand** mit seinem Auto am **Straßenrand** hält, die Autotür öffnet, den **Inhalt** seines vollen Aschenbechers auf den **Gehweg** kippt und die Tür wieder zumacht.

„Das ist doch nicht die **Möglichkeit**!", empört sich Georg. „Will der sich über mich **lustig** machen? Na warte."

Langsam geht er mit seinem Besen auf das Auto zu und **fegt** den Dreck **sorgfältig** auf seine Schaufel. Dann öffnet er die Autotür und kippt alles **seelenruhig** in den Wagen zurück.

Die umstehenden Menschen klatschen **laut** Beifall. Sie finden, Georg ist im **Recht**. Der unverschämte Autofahrer bekommt vor **Wut** einen roten Kopf, aber zu schimpfen **wagt** er nicht.

Weitere Wörter zum Ableiten: Platz, viel, ständig, muss, Betrieb, sieht, hält, öffnet, Gehweg, kippt, will, geht, Dreck, sorgfältig, Beifall, unverschämt, bekommt

Wörter zum Einprägen: viel, ver-, sieht, plötzlich, Seele, zurück, Fahrer

Großschreibung: das Fegen

Mögliche Vorgaben

Name: Georg

Strategie: Nachdenken, Ableiten

Übungsschwerpunkt: Wörter mit ß

Die Gänse und Enten ließen ihn nicht los   Wortzahl: 139

Wenn der vierjährige Konrad abends ins Bett sollte, gab es immer Geschrei. Damals wollte Konrad unbedingt eine Eule werden, weil Eulen abends nicht schlafen gehen.

Später **saß** er dann bei seiner Mutter auf dem **Schoß**, wenn sie ihm aus dem Buch „Die wunderbare Reise des kleinen Nils Holgersson mit den Wildgänsen" vorlas. Da **vergaß** er die Eulen und wollte lieber eine Gans werden.

Als er begriff, dass daraus nichts würde, wollte er wenigstens eine Gans haben. Aber seine Mutter duldete die gefräßigen Tiere nicht in ihrem Garten. Doch weil Konrad nicht locker **ließ**, bekam er **schließlich** ein Entenküken.

Konrad beschäftigte sich sehr mit der kleinen Ente. Er lernte(,) ihre verschiedenen Laute zu unterscheiden. Und bald konnten die beiden sich miteinander verständigen. So begann Konrad Lorenz(,) das Verhalten der Tiere zu studieren. Später wurde er der berühmteste Verhaltensforscher des 20. Jahrhunderts.

Weitere Wörter zum Ableiten: sollte, gab, wollte, unbedingt, Wildgänse, begriff, gefräßigen, ließ, schließlich, beschäftigte, konnten, verständigen, begann

Wörter zum Einprägen: abends, ver-, beschäftigte, berühmt

Mögliche Vorgaben

Namen: Konrad Lorenz, Nils Holgersson

Strategie: Nachdenken, Ableiten

Übungsschwerpunkt: Wörter mit ß

Der Außenseiter

Wortzahl: 136

Mike Tyson ist Profi-Boxer (Profiboxer). Schon mit 30 Jahren hat er viele Millionen Dollar mit seinem Sport verdient. Wer hätte gedacht, dass Mike in seiner Kindheit für andere Kinder **bloß** der Prügelknabe war?

Der kleine Mike züchtete in seiner Freizeit Tauben. Stundenlang **saß** der Junge im Taubenschlag. Wenn die Vögel ihm aus der Hand fraßen, **vergaß** er alles um sich herum.

Eines Tages tötete ein Junge aus der Nachbarschaft nur zum **Spaß** eine seiner Tauben. Mike war **maßlos** traurig. Doch dann wurde aus seiner Trauer Wut(,) und er schlug zum ersten Mal zu.

Es folgten viele Schlägereien und **schließlich** eine Zeit hinter Gittern. Dort zeigte jemand Mike, wie man richtig boxt. Nun **ließ** er nicht mehr locker. Er trainierte und kämpfte, bis er Weltmeister geworden war. Doch selbst als Weltmeister **verstößt** er immer wieder gegen das Gesetz.

Weitere Wörter zum Ableiten: verdient, hätte, Taubenschlag, folgten, schließlich, jemand, ließ, trainierte, kämpfte, Gesetz

Wörter zum Einprägen: viele, ver-, mehr, trainierte, selbst

Mögliche Vorgaben

Name: Mike Tyson

Dollar

Strategie: Nachdenken, Ableiten

Übungsschwerpunkt: s/ß im Auslaut

Die Gladiatoren
Wortzahl: 131

In Rom erinnern **bloß** noch die Überreste des Kolosseums an Spiele, die uns heute besonders grausam erscheinen: an die Kämpfe der Gladiatoren. Sie waren im Römischen Reich sehr beliebt. Im Kolosseum konnten fast 50.000 Menschen den blutigen Spielen zusehen.

„Die Todgeweihten grüßen dich!", riefen die Gladiatoren dem römischen Kaiser zu, wenn sie die Arena betraten. Nach diesem **Gruß blies** ein Soldat die Fanfare. Dann begannen die Spiele.

Die Männer, die miteinander in der Gladiatorenschule gelebt und gemeinsam trainiert hatten, mussten nun gegeneinander kämpfen. Lag einer besiegt am Boden, entschieden die Zuschauer über sein **Los**: Wenn ihnen der Kampf nicht gefallen hatte, musste der Sieger dem Besiegten den **Todesstoß** versetzen.

Die meisten Gladiatoren waren Sklaven. War einer von ihnen besonders erfolgreich, **ließ** man ihn als **Preis** für einen Sieg vielleicht sogar frei.

Weitere Wörter zum Ableiten: Kämpfe, ko**nn**ten, To**d**geweihte, gele**b**t, trai**n**iert, mu**ss**te, kämpfen, besie**g**t, erfolgreich, ließ, Sie**g**

Wörter zum Einprägen: Kaiser, trainiert, ver-, Sklave, vielleicht

Großschreibung: Römisches Reich, die Todgeweihten, dem Besiegten

Mögliche Vorgaben

Fremdwörter: Kolosseum, Arena, Fanfare

Strategie: Nachdenken, Ableiten

Übungsschwerpunkt: s/ß im Auslaut

Dünnes Eis   Wortzahl: 156

Seit Tagen war es sehr kalt. Ein rauer Wind **blies**(,) und auf dem See hatte sich schon **Eis** gebildet. Wer konnte, **saß** im warmen **Haus**.

Julia und Irene hatten sich warm angezogen und gingen hinunter zum See. **Groß** und **weiß** lag er vor ihnen. „Komm, wir laufen zu dem **Fels** in der Mitte! Wer zuerst da ist, bekommt ein **Glas** Cola im Lokal", sagte Julia. Doch kaum hatte sie einen **Fuß** auf die **Eisfläche** gesetzt, knirschte es laut. Julia spürte einen **Kloß** im **Hals**. „Und wenn eine einbricht? Der **Preis** für die Cola wäre zu hoch", dachte sie erschrocken.

„Welche **Laus** ist dir denn über die Leber gelaufen?", fragte Irene. Aber auch ihr war nicht zum Lachen. Sie hatte sicher das Gleiche gedacht. Da versetzte ihr Julia einen freundschaftlichen **Stoß**(,) und gemeinsam rutschten sie ans Ufer. Zu Hause im warmen Wohnzimmer sahen sie sich dann bei einer Tasse heißer Schokolade einen Film über die Arktis an.

Weitere Wörter zum Ableiten: Wind, blies, konnte, Komm!, bekommt, sagte, Fläche, wäre

Wörter zum Einprägen: ver-

Großschreibung: zum Lachen, das Gleiche

Mögliche Vorgaben

Namen: Julia, Irene

Fremdwort: Arktis

Strategie: Nachdenken, Ableiten

Übungsschwerpunkt: s/ss/ß im Auslaut

Der naschhafte Elefant

Wortzahl: 163

Rita und Klaus erforschen das Leben der afrikanischen Elefanten. Schon seit Wochen beobachten sie eine Herde. Eine Elefantenkuh geht der Gruppe immer voran. Offenbar ist sie die „Chefin". Sie findet das frischeste **Gras** und kennt jeden noch so kleinen **Fluss**.

Rita und Klaus folgen den Tieren den ganzen Tag mit dem Bus. Erst am Abend ist Zeit für einen **Imbiss** vor dem Zelt. Gerade öffnet Klaus eine Dose Erbsen, da flüstert Rita **blass**: „Siehst du den **Koloss** im Gebüsch?" Ein langer Rüssel tastet sich vorsichtig durch die Blätter. „Die Anführerin der Herde! Sie ist **gewiss** hungrig. Ob sie Erbsen mag?" Rita wirft eine Hand voll ins **Gras**. Der Rüssel beschnuppert die Erbsen. Dann nimmt er eine auf und verschwindet. Kurz darauf erscheint er erneut und sammelt mit **Genuss** alle Erbsen auf, bis keine mehr übrig ist.

Rita und Klaus schauen sich entsetzt an. „Elefanten können Erbsen aufheben? Dann können sie sicher auch den **Reißverschluss** an unserem Zelt aufmachen! Vielleicht besuchen sie uns mal!"

Weitere Wörter zum Ableiten: geht, kennt, Tag, öffnet, siehst, -ig, Blätter, entsetzt

Wörter zum Einprägen: afrikanisch, Abend, Erbse, siehst, Anführerin, nimmt, ver-, mehr, vielleicht

Mögliche Vorgaben

Namen: Rita, Klaus

Fremdwort: Chefin

Strategie: Nachdenken, Ableiten

Übungsschwerpunkt: s/ss/ß im Auslaut

Schwierige Verständigung Wortzahl: 162

Das Jodeln wurde in den Bergen erfunden, damit man sich von **Pass** zu **Pass** verständigen konnte. Aber die Reichweite der menschlichen Stimme ist nicht sehr **groß**(,) und schon nach kurzer Zeit schmerzt der **Hals**.

Der Ton von Trommeln schallt **gewiss** weiter(,) und noch weiter zu hören ist ein **Schuss**. Aber Schall verklingt rasch.

Rauchzeichen können Hunderte (hunderte) von Kilometern sichtbar sein. Aber der Wind treibt den Rauch fort. An einem **Fluss** wird die Sicht oft durch Nebel behindert. Und immer bleibt **ungewiss**, ob der **Gruß** auch angekommen ist.

So schwierig war es lange Zeit, Nachrichten auszutauschen. Erst 1861 erfand Philipp Reis **schließlich** ein Gerät, das Töne in elektrische Wellen umwandelt. Eine elektrische Leitung kann diesen **Impuls** Tausende (tausende) von Kilometern weit übertragen. Und das geht wirklich rasend schnell, mit einer Geschwindigkeit von 300.000 Kilometern pro Sekunde! Zum **Schluss** wird die elektrische Welle wieder in Schall umgewandelt, damit sie für Menschen hörbar ist. Heute gibt es ein solches Gerät fast in jedem **Haus**. Es ist das Telefon.

Weitere Wörter zum Ableiten: verstä**nd**igen, ko**nn**te, scha**ll**t, Scha**ll**, kli**ng**t, Wi**nd**, trei**bt**, wi**rd**, blei**bt**, schließli**ch**, ka**nn**, ge**ht**, rase**nd**, gi**bt**

Wörter zum Einprägen: ver-, Kilometer, Gerät, Geschwindigkeit, gibt

Großschreibung: das Jodeln

Mögliche Vorgaben

Name: Philipp Reis

Fremdwort: Impuls

Strategie: Nachdenken, Ableiten

Übungsschwerpunkt: Wörter mit ä und äu

Wandern durch Amerika

Wortzahl: 166

Das war ein Spaziergang! Acht Monate lang wanderten Bill Irwin und sein Hund Orient auf dem **längsten** Wanderweg Amerikas. Der **verläuft** entlang einem Gebirge, den Appalachen.

Auf der Wanderung hat Orient sein Herrchen **täglich** sicher über Stock und Stein geführt. Bill Irwin ist blind und Orient sein Blindenhund.

Beide haben ihr **Gepäck** selbst auf dem Rücken getragen. Auf so einem einsamen Weg muss man **Vorräte** für mehrere Tage bei sich haben. Vor allem Trinkwasser ist schwer. Aber eines Tages bemerkte Bill, dass Orient **Bäche** finden kann: Der Hund riecht das Wasser. Von da an konnte Bill ihre Flaschen jeden Tag mit frischem Wasser füllen.

Die **Nächte** verbrachten Bill und Orient meist in einfachen Hütten. Aber manchmal hatten sie auch nur einige **Sträucher**(,) um sich vor dem kalten Nachtwind zu schützen.

Viele Wanderer machen sich auf diesen langen Weg. Aber so mancher dreht trotz aller guten **Vorsätze** bald wieder um. Die Mühen und die **Kälte** sind nicht leicht zu ertragen! Doch Bill und Orient haben es geschafft.

Weitere Wörter zum Ableiten: Spazier**gang**, We**g**, tä**g**lich, blin**d**, Gepä**ck**, mu**ss**, ka**nn**, **r**iecht, ko**nn**te, Ta**g**, Win**d**, ge**sch**a**fft**

Wörter zum Einprägen: ver-, geführt, selbst, mehrere, viele

Mögliche Vorgaben

Namen: Bill Irwin, Orient, Appalachen

Strategie: Nachdenken, Ableiten

Übungsschwerpunkt: Wörter mit ä und äu

Die berühmteste Frau der Welt Wortzahl: 127

Man schreibt das Jahr 1884. Ein großes Schiff wird im Hafen von New York **vertäut**. An Bord ist ein Geschenk des französischen Volkes an die Amerikaner.

Der **mächtige** Arm eines Krans schwenkt über das Schiff(,) und ein **stählernes** Seil wird in den Laderaum hinabgelassen. Kurz darauf schwebt das erste Stück an dem Seil durch die Luft. Vorsichtig **lädt** der Kranführer es in der **umzäunten** Baustelle ab. Dann holt er das **nächste** Teil aus dem Schiffsbauch. Stück für Stück befördert der Kran so an Land.

Es dauert noch zwei Jahre, bis das Kunstwerk aus **glänzendem** Kupfer fertig ist. Es wird so hoch wie ein **Gebäude** mit 14 Stockwerken.

Die **prächtige** Statue ist heute weltbekannt. Sie wurde für **unzählige** Menschen zu einem Zeichen der Hoffnung auf ein besseres Leben: die Freiheitsstatue.

Weitere Wörter zum Ableiten: wird, schwebt, Stück, -ig, Land, bekannt, Hoffnung

Wörter zum Einprägen: ver-, Bord, Volk, Amerikaner, stählern, lädt, Führer

Mögliche Vorgaben

Name: New York

Fachwort: Statue

Strategie: Nachdenken, Ableiten

Übungsschwerpunkt: Wörter mit ä und äu

Der lästige, liebe Lars
Wortzahl: 178

Kleine Brüder können recht **lästig** sein. Immer wollen sie mitkommen. Wie mein Bruder Lars. Er ist sechs Jahre alt. Ich **hätte** lieber einen **älteren** Bruder, mit dem ich ins Kino gehen könnte.

Aber heute hat sich das **geändert**. Und das kam so: Am Nachmittag **läutete** es. Das war meine Freundin Daniela. Wir fuhren mit unseren **Rädern** weg. Unterwegs fragte Daniela: „Warum kommt Lars nicht mit? Ich habe mich schon so auf ihn gefreut."

Ich schaute sie **ungläubig** an. „Ich dachte, er ist dir zu klein." – „Nein. Er ist auf alle **Fälle** nicht so **beschränkt** wie mein **älterer** Bruder."

Als wir umdrehten und in unser **Gärtchen** kamen, saß Lars ganz traurig vor der Tür. Aber als wir ihn riefen, leuchteten seine Augen auf. Er fragte: „Kommt ihr mit ins Kino? Tobis Mutter gehört das Kino in der **Nähe**. Da darf ich umsonst rein. Und mitnehmen kann ich auch noch, wen ich will." Wir waren von dem Vorschlag begeistert. Aber ich **schämte** mich auch ein bisschen. Ich **hätte** nicht gedacht, dass man auch mit kleinen Brüdern ins Kino gehen kann.

Weitere Wörter zum Ableiten: -ig, kö**nn**te, Mi**tt**ag, unterwegs, ko**mm**t, sa**ß**, ka**nn**, wi**ll**, Vorschlag

Wörter zum Einprägen: Kino, fuhren, nehmen, bisschen

Mögliche Vorgaben

Namen: Lars, Daniela, Tobi

Strategie: Nachdenken, Ableiten

Übungsschwerpunkt: Wörter mit silbentrennendem h

Die mühsame Abfahrt
Wortzahl: 155

Schon **früh** trifft sich die ganze Klasse am Lift. Thomas und Falk lassen sich zusammen den Berg hinaufziehen. Thomas saust sofort hinunter. Falk ist noch nicht oft Ski gelaufen. Er **steht** am Hang und schaut in die Tiefe. Für ihn wird die Rutscherei **mühsam**. Obgleich er sich wirklich **bemüht**, schafft er die dritte Kurve nicht. Im Schuss beschleunigt er unglaublich. Und da landet er auch schon im Schnee.

„Hoffentlich hat das keiner gesehen", denkt er und schaut sich um. Seine Klassenkameraden sausen **fröhlich** vorbei und beachten ihn gar nicht.

Da kommt Thomas vorbei und lacht. Der wird das bestimmt sofort den anderen berichten! Falk rappelt sich auf, schüttelt den Schnee ab und rutscht vorsichtig weiter.

Es läuft immer besser. Auf einer Kuppe hält Falk an. Mit zitternden Knien **steht** er da und **ruht** sich ein bisschen aus. Da bemerkt er Thomas weiter unten am Hang. Er steckt in einem Schneehaufen! Lachend winken sie sich zu.

Weitere Wörter zum Ableiten: wir**d**, schaff**t**, Schu**ss**, beschleunig**t**, kom**m**t, bestim**m**t, vorsichti**g**, häl**t**, lachen**d**

Wörter zum Einprägen: Kurve, bisschen

Mögliche Vorgaben

Namen: Thomas, Falk

Fachwort: Ski

Strategie: Nachdenken, Ableiten

Übungsschwerpunkt: Wörter mit silbentrennendem h

Vom Wind verweht

Wortzahl: 172

Auf der Suche nach einem besonderen Heilkraut hatte sich der alte Frieder schon **früh** in den Wald aufgemacht. Hin und wieder bückte er sich **mühsam**(,) um eine kleine Pflanze genauer zu betrachten. Hoppla! Da war ihm doch die Tabaksdose aus der Hosentasche gerutscht!

Sie verschwand geradewegs in einer Erdspalte. Was war das überhaupt für ein Loch? Frieder tastete sich ganz **nah** an die Stelle heran. Wie tief mochte das sein? Für eine genauere Untersuchung brauchte er einen Spaten und Licht.

Aufgeregt eilte er zurück ins Dorf und holte einige Nachbarn zu Hilfe. Zusammen versuchten sie(,) den Spalt zu erweitern. Alle **mühten** sich ab, denn die Erde war hart. Langsam wurde der Spalt breiter.

Endlich **sah** man den Eingang zu einer großen Höhle, der im Laufe der Zeit mit Sand und Erde **zugeweht** war. Uralte Werkzeuge und Knochen lagen herum. Und auch die Tabaksdose. Frieder war ganz glücklich und wollte sich gerade hinunterbeugen, als er erschrocken zusammenzuckte. Etwas hatte seinen Kopf gestreift. Die Nachbarn lachten: „Na, Frieder, wirst du von einer Fledermaus **bedroht**?"

Weitere Wörter zum Ableiten: bückte, verschwand, geradewegs, Erdspalte, aufgeregt, endlich, Sand, glücklich, wollte, zuckte

Wörter zum Einprägen: ver-, zurück, Höhle

Mögliche Vorgaben

Name: Frieder

Ausrufewort: Hoppla!

Strategie: Nachdenken, Ableiten

Übungsschwerpunkt: Wörter mit ie

Die Zierde der Gemeinde

Wortzahl: 151

Johann arbeitet in den Ferien auf dem Bauernhof seiner Großeltern. Schon als kleiner Junge hat er dort alle Ferien verbracht, denn er **liebt** die Tiere. Besonders begeistert war er damals von den beiden Pferden. Aber es gab auch eine Schafherde, **vier** Ziegen, Kühe und einen **Stier**. Außerdem hielt Johanns Großvater **Brieftauben**.

Johanns größter Wunsch war immer ein eigenes **Tier** gewesen. **Schließlich** schenkte ihm seine Großmutter ein Küken, das **hieß** Pupi. Johann freute sich zwar sehr, aber er wollte niemandem davon erzählen. Er hatte Angst(,) sich zu blamieren. Keiner seiner Freunde hatte ein Huhn. Sie hätten ihn nur ausgelacht.

Schon bald folgte Pupi Johann überallhin(,) und sie verbrachten **viel** Zeit mit Spielen. Noch heute kommt Pupi sofort angerannt, wenn sie Johanns Auto hört.

Pupi ist mit ihren 18 Jahren jetzt das älteste Huhn Österreichs. Und alle Nachbarn finden, sie sei wegen ihres hohen Alters und ihrer Treue zu Johann die **Zierde** der Gemeinde.

Weitere Wörter zum Ableiten: groß, gab, größter, schließlich, wollte, hätten, folgte, über**all**, ko**mm**t, gerannt, älteste

Wörter zum Einprägen: ver-, hielt, erzählen, Angst, Huhn, viel

Zusammenschreibung: überallhin

Mögliche Vorgaben

Namen: Johann, Pupi, Österreich

85

Strategie: Einprägen

Übungsschwerpunkt: Doppelvokale (aa/ee/oo)

Ein Tag im Schnee

Wortzahl: 133

Endlich hat es geschneit. Björn schüttet schnell den Rest seines **Tees** in die Spüle, geht ins Bad und kämmt sich kurz die **Haare**. Zu Weihnachten hat er ein **Paar** dicke Stiefel geschenkt bekommen. Die zieht er jetzt an. Dann schnappt er seinen Schlitten und läuft zur alten **Allee**.

Obwohl die Straße im letzten Jahr **geteert** wurde, ist hier kaum Verkehr. Auch heute ist sie **leer**. Der **Schnee** liegt zu hoch für Autos(,) und man kann prima Schlitten fahren.

Die anderen Kinder sind alle schon da, auch Susanne. Die hat eine gute **Idee**: Sie baut aus dem **Schnee** eine Schanze.

Claudia hat ihren Dackel mitgebracht. Der gräbt begeistert überall Löcher in den **Schnee**. Und gerade als niemand hinsieht, scharrt er ganz schnell auch ein **paar** Löcher in die Schanze. Natürlich gibt das einen Riesenkrach!

Wörter zum Ableiten: endlich, geht, kämmt, schnappt, kann, gräbt, überall, niemand, sieht, scharrt, gibt

Weitere Wörter zum Einprägen: Weihnachten, hier, Verkehr, prima, fahren, sieht, gibt

Mögliche Vorgaben

Namen: Björn, Susanne, Claudia

Strategie: Einprägen

Übungsschwerpunkt: Doppelvokale (aa/ee/oo)

Überraschung am Waldsee

Wortzahl: 137

Heute ist es sehr heiß. Nora hat sich mit ein **paar** Freundinnen am **Waldsee** verabredet. Unterwegs wollen sie Jan treffen. Der hat ihnen eine Überraschung versprochen.

Auf dem Weg zum **See** sammeln die Mädchen **Himbeeren** und die letzten süßen **Walderdbeeren**. Weil der Boden mit **Moos** bewachsen ist, hört niemand, wie Jan sich anschleicht.

Plötzlich schnaubt etwas hinter den Mädchen. Erschrocken drehen sie sich um. Ein Pony schaut Jan über die Schulter. „Das ist Bronco", sagt er stolz. „Er hat lange im **Streichelzoo** gelebt. Jetzt gehört er mir. Er ist ziemlich verfressen." Die Mädchen sind begeistert. Aber Jan meint: „Das Beste kommt erst noch."

Kaum sind sie am **See** angekommen, stürzen sich alle sofort ins Wasser und Bronco mit ihnen. Jan taucht unter und – kaum zu glauben – Bronco taucht hinterher! „Ein tauchendes Pony!", rufen die Mädchen. „Ein **Seepferdchen**!"

Wörter zum Ableiten: heiß, unterwegs, Weg, Erdbeere, niemand, schnaubt, sagt, gelebt, kommt

Weitere Wörter zum Einprägen: ver-, bewachsen, plötzlich, Pony, ziemlich

Großschreibung: das Beste

Mögliche Vorgaben

Namen: Nora, Jan, Bronco

Strategie: Einprägen

Übungsschwerpunkt: Doppelvokale (aa/ee/oo)

Schatzsuche in der Tiefsee
Wortzahl: 144

Alte Aufzeichnungen berichten über das Schicksal einer spanischen Flotte. Im Jahre 1622 legen 28 Segelschiffe von einer Insel in der **Südsee** ab. Sie haben Gold, Silber und andere Schätze geladen. Vor der Abfahrt sind die Schiffe mit einer zusätzlichen **Teerschicht** abgedichtet worden. Das **Meerwasser** soll ihnen nichts anhaben können.

Aber in einem Sturm geraten die Schiffe in **Seenot**(,) und die ganze Flotte versinkt mit dem sagenhaften Schatz.

Dieser reiche Schatz brachte schon bald Glücksritter auf die **Idee**, die vermisste Flotte auf dem **Meeresboden** zu suchen. Aber mehr als drei Jahrhunderte gingen die Schatzsucher **leer** aus. Erst 1990 hatte eine Firma für **Tiefseetechnik** aus den Vereinigten **Staaten** Erfolg. Sie fand ein Wrack 500 Meter unter dem **Meeresspiegel**.

Mit ferngesteuerten Geräten konnten die Taucher ein **paar** Ringe, Goldmünzen und andere Gegenstände bergen. Aber keine **Menschenseele** wird je mit Sicherheit sagen können, ob dieses Schiff wirklich zu der spanischen Flotte gehörte.

Wörter zum Ableiten: Südsee, Gold, Schätze, zusätzlich, soll, Glück, vermisste, Vereinigten, Erfolg, konnten, Gegenstände, wird

Weitere Wörter zum Einprägen: Schicksal, Abfahrt, ver-, mehr, Wrack, Gerät

Großschreibung: Vereinigte Staaten

Strategie: Einprägen

Übungsschwerpunkt: Wörter mit ai

Die Rock-Fans (Rockfans)
Wortzahl: 155

Kevin kann es kaum erwarten, bis sein Vater fertig ist. Heute wollen sie zum Rock-Festival (Rockfestival) im Parkstadion am **Main**.

Fünf Jahre ist es nun her, dass die Pflegeeltern Kevin aus dem **Waisenhaus** geholt haben. Am Anfang war es nicht leicht mit seiner neuen Mutter und vor allem mit dem neuen Vater. Fast jeden Tag gab es Krach wegen irgendwelcher Kleinigkeiten.

Doch dann hat Kevin entdeckt, dass sein Vater Rock-Fan (Rockfan) ist. Er hat auf dem Dachboden eine alte Gitarre gefunden(,) und sein Vater hat ihm von der Gruppe erzählt, in der er früher gespielt hat. Kevin hat sofort begeistert angefangen zu üben. Der Vater hat neue **Saiten** besorgt und aufgezogen und Kevin seine alten Noten gegeben. Manchmal haben sie zusammen geübt und die alten Hits gesungen.

Jetzt gehen sie immer zusammen auf Konzerte. Erst im **Mai** waren sie bei den „Rock-**Haien**" in der Stadthalle. Aber das Festival heute wird der Höhepunkt des Jahres.

Wörter zum Ableiten: ka**nn**, fert**ig**, Ta**g**, ga**b**, entdec**kt**, gesp**ie**lt, besor**gt**, geüb**t**, wir**d**

Weitere Wörter zum Einprägen: irgen**d**welcher, Kleinigkeit, Gitarre, erz**äh**lt, Sta**dt**

Mögliche Vorgaben

Namen: Kevin, Main

Fremdwörter: Rock-Festival (Rockfestival), Parkstadion, Hits

89

Strategie: Einprägen

Übungsschwerpunkt: Wörter mit ai

Der Kaiser von Köln   Wortzahl: 155

Gestern war das große Fußball-Turnier (Fußballturnier) der Jugend-Mannschaften (Jugendmannschaften). Die jungen Fußballer hatten viele Monate lang hart **trainiert.**

Den Anschuss machte Torsten Braun von den Spielfreunden Köln. Dieser junge Fußballer war der **Kaiser** auf dem Spielfeld. Seine große Stunde kam mit einem weiten Pass seines Mannschaftskameraden Sven Kunze. Torsten zog voll durch und schoss den Ball sicher ins gegnerische Tor.

Die Bochumer waren vom Erfolg der Spielfreunde überrascht. Es ging hart her auf dem Spielfeld. In der 57. Minute kam es zu einer Rempelei im Strafraum. Ein Bochumer riss Torsten zu Boden. Sofort war der Schiedsrichter zur Stelle und zückte die rote Karte. Schon seit dem **unfairen** Spiel am letzten **Maiwochenende** war es nämlich dringend nötig, in der Jugendliga andere **Saiten** aufzuziehen und einmal hart durchzugreifen.

Am Ende gewannen die Spielfreunde Köln verdient mit 2 : 0 nach einem Elfmeter von Torsten Braun. Zufrieden nahmen die jungen Helden den begehrten Pokal mit nach Hause. Die **Saison** war zu Ende.

Wörter zum Ableiten: Turnier, trainiert, Anschuss, Spiel, Feld, Pass, schoss, gegnerisch, Erfolg, riss, zückte, dringend, nötig, verdient

Weitere Wörter zum Einprägen: Jugend, viele, Minute, Schiedsrichter, nämlich, Liga, ver-, nahmen, begehrt

Mögliche Vorgaben

Namen: Torsten Braun, Sven Kunze

Strategie: Einprägen

Übungsschwerpunkt: Wörter mit i am Silbenende

Bei der Marine
Wortzahl: 142

Heute ist „Tag der offenen Tür" im Hafen. Da kann man sich Frachter und Vergnügungsdampfer näher ansehen. Gestern machte sogar ein Flugzeugträger der **amerikanischen Marine** am Kai fest und ist nun zu besichtigen.

Ein Matrose führt die Besuchergruppe durch das Schiff. Er erklärt, dass es mit über 300 Metern Länge eines der größten Schiffe der USA ist. Mehr als 6000 Menschen arbeiten und leben hier. Der Matrose zeigt den Besuchern die **Kabinen** der Mannschaft. In den winzigen Räumen ist gerade Platz für zwei enge Kojen.

Dann kommt man ins **Kasino**. So heißt die **Kantine** auf dem Schiff. Einige Matrosen decken gerade die langen Tische.

Am meisten beeindruckt alle der **Maschinenraum**. Die großen **Turbinen** leisten zirka (circa) 200 000 PS und machen das Schiff 30 Knoten schnell. Ein Knoten entspricht etwa einer Geschwindigkeit von 1,8 **Kilometern** in der Stunde. Im Vergleich zu einem Auto ist das Schiff also sehr langsam.

Wörter zum Ableiten: Tag, ka**nn**, näher, Flugzeugträger, erklärt, Länge, größten, Räume, Platz, ko**mm**t, beeindruckt

Weitere Wörter zum Einprägen: ver-, Kai, führt, hier, Geschwindigkeit

Mögliche Vorgaben

Abkürzungen: USA, PS

Strategie: Einprägen

Übungsschwerpunkt: Wörter mit i am Silbenende

Die Praline

Wortzahl: 167

In der Fußgängerzone ist immer etwas los. Heute stehen Menschen in einem großen Kreis um einen Mann herum. Er trägt einen **lila** Anzug und hat sein Gesicht ganz weiß geschminkt. Vorsichtig geht er auf einer unsichtbaren **Linie**. Er spielt den Seiltänzer so überzeugend, dass das **Publikum** richtig erschrickt, als er zu stürzen scheint.

Jetzt streckt er die Hand aus und scheint nach etwas zu greifen. Er senkt die **Augenlider** und blickt auf einen kleinen Gegenstand in seiner Hand. Nun wickelt er ihn aus und steckt ihn in den Mund. Langsam lässt er ihn auf der Zunge zergehen. Ach so, eine **Praline**. Jetzt hat er die **Praline** aufgegessen und zerknüllt das Tütchen. Dann holt er aus und tut so, als ob er es in weitem Bogen wegwirft.

Da kläfft plötzlich ein kleiner Hund. Er rennt hinter dem vermeintlichen Bällchen her. Das **Publikum** findet die Einlage **prima**. Alle klatschen, als der Hund tatsächlich mit einem Tütchen im Maul zurückkommt und es dem verblüfften **Pantomimen** schwanzwedelnd vor die Füße legt.

Wörter zum Ableiten: Fußgänger, Anzug, vorsichtig, geht, spielt, Tänzer, überzeugend, erschrickt, streckt, blickt, Gegenstand, lässt, zerknüllt, kläfft, rennt, Bällchen, tatsächlich, kommt, verblüfft, wedelnd

Weitere Wörter zum Einprägen: kläfft, plötzlich, ver-, zurück

Zusammenschreibung: schwanzwedelnd

Mögliche Vorgaben

Fremdwort: Publikum

Strategie: Einprägen

Übungsschwerpunkt: Wörter mit unhörbarem h

Zahnschmerzen
Wortzahl: 131

Leo hat **Zahnschmerzen**. Seine Mutter hat ihn schon oft **ermahnt**(,) doch endlich zum **Zahnarzt** zu gehen. Aber Leo hat nur mit seinen guten **Zähnen** angegeben und den Termin immer wieder verschoben.

Jetzt ist Leo ganz still geworden. Er sitzt im Sprechzimmer und hält sich die dicke Backe. „Na, Leo", sagt der **Zahnarzt**, „dann wollen wir uns das mal ansehen."

Leo **fühlt** sich gar nicht **wohl**, als er sich in den **Behandlungsstuhl** setzt. Er starrt das Plakat mit dem kranken **Zahn** an der Wand an und öffnet zögernd den Mund. Der **Zahnarzt** versucht(,) Leo die Angst zu **nehmen**: „Es tut nur ein bisschen **weh**. Ich werde ganz vorsichtig mit dem **Bohrer** sein. Und in Zukunft kommst du zweimal im **Jahr** zur Kontrolle. Dann brauchst du keine Angst **mehr** vor mir zu haben."

Wörter zum Ableiten: endlich, Zähne, still, sitzt, hält, sagt, Behandlung, starrt, öffnet, zögernd, vorsichtig, kommst

Weitere Wörter zum Einprägen: Termin, ver-, Angst, bisschen

Mögliche Vorgaben

Name: Leo

Strategie: Einprägen

Übungsschwerpunkt: Wörter mit unhörbarem h

Omas erste Bahnfahrt   Wortzahl: 153

Oma **erzählt** von ihrer ersten **Fahrt** mit der **Eisenbahn**:

„Als ich **zehn** oder elf **Jahre** alt war, **nahm** meine Mutter mich das erste Mal mit. Vorher hatte sie mich **ermahnt**, ich solle mich gut **benehmen**. Natürlich hatte ich es ihr versprochen. Aber schon bald war es mir zu langweilig im Abteil. Ich lief durch den ganzen Zug und schaute mir dann vom letzten Wagen aus die Gegend an. Irgendwann hielt der Zug. Als er **weiterfuhr**, sah ich auf einmal auf dem **Bahnsteig** meine Mutter stehen. Sie rief hilflos: ‚Wo steckst du denn? Wir müssen doch aussteigen!'

Das war eine schöne Bescherung! Ich hatte keine **Ahnung**, wie weit es bis zum nächsten **Bahnhof** war. Zum Glück war der Schaffner nett(,) und ich durfte **weiterfahren**(,) **ohne** noch etwas zu **bezahlen**. An der nächsten Station stieg ich aus und **fuhr** zurück.

Meine Mutter war natürlich **sehr** ärgerlich. Es dauerte einige Zeit, bis sie mich wieder **mitnahm**."

Wörter zum Ableiten: -ig, Gegend, sah, Bahnsteig, rief, Glück, stieg

Weitere Wörter zum Einprägen: erzählt, ver-, irgendwann, hielt, nächsten, Schaffner, zurück, ärgerlich

Mögliche Vorgaben

Fremdwort: Station

Strategie: Einprägen

Übungsschwerpunkt: Wörter mit chs

Wo Fuchs und Hase sich gute Nacht sagen Wortzahl: 117

Tom und Inga fahren mit ihren Eltern gleich nach Weihnachten weg. Sie wollen den **Jahreswechsel** bei Freunden in der **Sächsischen** Schweiz feiern.

Als Tom und Inga das erste Mal in **Sachsen** waren, konnten sie die Leute kaum verstehen. Aber alle waren sehr nett zu ihnen(,) und nun kann Tom schon einige Wörter in diesem **unverwechselbaren** Dialekt aussprechen.

Inga interessiert sich nicht so für die Sprache. Sie streift lieber im Wald umher und hat sogar schon einen **Fuchs** gesehen. Und die Freunde berichten, dass inzwischen auch wieder **Luchse** im Wald gesichtet wurden.

Tom, Inga und die **Erwachsenen** freuen sich sehr auf Silvester. Es wird sicher ein schönes Fest in dem kleinen, über und über mit Efeu **bewachsenen** Häuschen!

Wörter zum Ableiten: sächsisch, konnten, kann, interessiert

Weitere Wörter zum Einprägen: fahren, Weihnachten, ver-, Silvester

Großschreibung: Sächsische Schweiz

Mögliche Vorgaben

Namen: Tom, Inga

Fremdwort: Dialekt

Strategie: Einprägen

Übungsschwerpunkt: Wörter mit chs

Nachwuchssorgen
Wortzahl: 163

Jochens Vater ist **Drechsler** von Beruf. Er stellt aus dicken Holzblöcken schön geschwungene Tischbeine und Teile für Treppengeländer her.

Heute machen Maschinen die meiste Arbeit. Jochens Großvater hat alles noch von Hand **gedrechselt**. So war jedes Stück ein **unverwechselbares** Original. Die Arbeit war hart, aber **abwechslungsreich**.

Wenn Jochen **erwachsen** ist, soll er den Betrieb übernehmen. Aber Jochen hat ganz andere Pläne. Er möchte die kleine Stadt in **Niedersachsen** verlassen und die Welt kennen lernen. Am liebsten würde er auf einem Schiff anheuern und um die Welt reisen.

Wenn sein Vater das hört, wird er **fuchsteufelswild**. Wer soll dann den Betrieb leiten? Aber Jochen bleibt ganz ruhig. Schließlich ist da noch Anja, seine Schwester. Die wollte ihm schon als kleines Kind immer seinen Werkzeugkasten **abluchsen**. Und wenn sie ein Stück Holz sieht, fängt sie gleich an(,) daran herumzuschnitzen.

Wenn Jochens Vater sagt: „Aber Anja ist doch ein Mädchen!", antwortet Jochen ganz gelassen: „Klar! Und was für eins! Sie wird in ihre Aufgabe schon **hineinwachsen**."

Wörter zum Ableiten: stellt, groß, Stück, soll, Betrieb, Pläne, wird, wild, bleibt, ruhig, schließlich, wollte, Werkzeug, sieht, sagt

Weitere Wörter zum Einprägen: Geländer, Maschine, ver-, Original, nehmen, Stadt, sieht

Mögliche Vorgaben

Namen: Jochen, Anja

Strategie: Einprägen

Übungsschwerpunkt: Wörter mit v, x, y, ph

Der Schatz der Sphinx   Wortzahl: 143

Dieses neue Computerspiel führt dich auf eine **Expedition** in das alte **Ägypten**. Du kannst dich einem tapferen **Sklaven anvertrauen**. Er führt dich in eine **Pyramide voller** Geheimnisse.

Folge dem **Sklaven** in die unheimlichen Gänge des Grabmales. Untersuche den Inhalt der kostbaren Truhen und **Vasen**. Entdecke den sagenhaften **Luxus** der **Pharaonen**.

Aber hüte dich **vor** den Grabräubern. Deine Aufgabe ist es, **vor** ihnen den **verschollenen** Plan des Heiligtums zu finden. Wo ist die sagenumwobene **Papyrusrolle verborgen**? Wer sie findet und den alten **Text** mit den magischen **Symbolen** entziffert, gelangt ins Herz der **Pyramide**. Dort bewacht die **Sphinx** den kostbaren Grabschatz.

Du brauchst Geschicklichkeit, gute **Nerven** und **viel Phantasie** (Fantasie)(,) um das Rätsel der **Sphinx** zu lösen. Der kleinste Fehler kann zur **Katastrophe** führen, denn überall lauern **Vipern** und Skorpione.
Dieses spannende Computerspiel macht **viel** Spaß(,) und du lernst eine **vor** langer Zeit **versunkene** Kultur kennen.

Wörter zum Ableiten: Spiel, ka**nn**st, Gänge, Grab, Räuber, Heiligtum, gelangt, viel, Rätsel, ka**nn**, überall, Spaß

Weitere Wörter zum Einprägen: führt, Geschicklichkeit, Fehler

Mögliche Vorgaben

Name: Ägypten

Fremdwörter: Computer, Skorpion

Strategie: Einprägen

Übungsschwerpunkt: Wörter mit v, x, y, ph

Das Hexeneinmaleins
Wortzahl: 144

Früher wurde die Heilkunde oft **von** weisen Frauen ausgeübt. Sie kannten Rezepte für **geheimnisvolle Mixturen** und konnten aus allerlei Kräutern wirksame Arzneien bereiten. Besondere **Texte**, die sie sprachen, halfen(,) Kranke zu heilen.

Aber die **Bevölkerung** war abergläubisch und hatte Angst, die Frauen würden zaubern. Denn im Mittelalter wussten die Menschen noch wenig über **Physik**, Chemie und Medizin. Wenn eine **Katastrophe** über sie hereinbrach, suchten sie nach einem Schuldigen. Allein stehende (Alleinstehende) oder sonderbare Personen wurden dann **systematisch verfolgt** und als **Hexen** oder Zauberer **verbrannt**.

Noch heute feiert man in der Nacht **vom** 30. April auf den 1. Mai die Walpurgisnacht. Es heißt, da flögen die **Hexen** auf einem Besen zu ihrem Tanzplatz. Natürlich können Menschen nicht wirklich fliegen. Aber die weisen Frauen konnten eine Salbe **mixen**, die wie eine Droge wirkte. Wenn jemand diese Salbe **verwendete**, wuchsen ihm in der **Phantasie** (Fantasie) Flügel(,) und er meinte zu fliegen.

Wörter zum Ableiten: ausgeübt, ka**nn**ten, ko**nn**ten, Kr**äu**ter, abergl**äu**bisch, wu**ss**ten, verfo**l**gt, verbra**nn**t, Tanzplatz, jemand

Weitere Wörter zum Einprägen: Angst, Medizin, Mai, wuchsen

Großschreibung: Kranke, der Schuldige

Mögliche Vorgaben

Name: Walpurgisnacht

Fremdwort: Chemie

Strategie: Einprägen

Übungsschwerpunkt: Wörter mit rh, th

Die ersten Eisenbahnen
Wortzahl: 165

Schon immer haben die Menschen davon geträumt, schnell und ohne Mühe von einem Ort zum anderen zu kommen. Und pfiffige Erfinder haben viele **Theorien** aufgestellt, wie man ohne fremde Hilfe schwere Lasten befördern kann. Vor über 150 Jahren hat dann ein Engländer das Problem gelöst: Er entwickelte eine **Methode**, wie man mit Dampfkraft einen Wagen auf Schienen bewegen kann. Das war die Geburtsstunde der Eisenbahn.

Um ihren Untertanen die Furcht vor dem qualmenden Ungetüm zu nehmen(,) machte die damalige Königin von England eine Fahrt mit der Eisenbahn. Vorsichtshalber hatte sie allerdings eine **Reiseapotheke** dabei.

Später reisten Könige in prunkvollen Zügen. Der König von Hannover hatte in seinem Zug nicht nur einen Speisewagen, sondern sogar ein kleines **Theater**, eine **Bibliothek** und einen richtigen **Thronsaal**.

In Amerika, wo Züge oft mehrere Tage unterwegs sind, wurde der Schlafwagen erfunden. Dazu wurden die Sitze in den Fußboden geklappt. Von der Decke wurden Betten heruntergelassen. Dann schaukelten die Fahrgäste im **Rhythmus** der Räder durch die Prärie und träumten vom Wilden Westen.

Wörter zum Ableiten: aufgestellt, kann, Engländer, England, allerdings, unterwegs, geklappt, Gäste

Weitere Wörter zum Einprägen: viele, nehmen, Fahrt, Saal, Amerika, mehrere, Fahrgäste

Großschreibung: Wilder Westen

Mögliche Vorgaben

Name: Hannover

Fremdwort: Prärie

Strategie: Einprägen

Übungsschwerpunkt: Wörter mit th

Die falsche Methode
Wortzahl: 138

„Mir geht es schlecht. Ich muss heute im Bett bleiben", hustet Karin. Ihre Mutter steckt ihr das **Fieberthermometer** unter den Arm und geht in die Küche. Als sie wiederkommt, zeigt das **Thermometer** 38,2 Grad. Karin darf zu Hause bleiben.

Bevor die Mutter zur Arbeit geht, stellt sie Karin eine **Thermoskanne** mit Kräutertee hin. Mutter ist **Apothekerin** und sagt, dass sie in der Mittagspause ein Mittel gegen Erkältung bringt.

Kaum ist die Mutter aus dem Haus, springt Karin aus dem Bett. Hurra! Der Trick hat geklappt, die **Methode** hat funktioniert! Jetzt braucht sie die **Mathearbeit** nicht mitzuschreiben. Sie hat das neue **Thema** einfach nicht verstanden.

Als die Mutter am Mittag kommt, erzählt sie: „Ich habe Moritz aus deiner Klasse getroffen. Eure **Mathelehrerin** war heute auch krank. Deshalb wird die Arbeit verschoben. Wenn du willst, können wir heute Abend zusammen üben."

Wörter zum Ableiten: geht, muss, kommt, stellt, Kräuter, sagt, Mittag, Erkältung, springt, geklappt, wird, willst

Weitere Wörter zum Einprägen: Grad, Tee, Trick, ver-, erzählt, Lehrerin, Abend

Mögliche Vorgaben

Namen: Karin, Moritz

Fremdwort: funktionieren

Strategie: Einprägen

Übungsschwerpunkt: Lernwörter – gemischt

Reiseziel Paris
Wortzahl: 137

Belinda Braithwate hat eine lange Reise hinter sich: Im Februar ist sie in Spanien am **Mittelmeer** aufgebrochen, aber erst im **Mai** kam sie an ihrem Ziel Paris an. Nein, sie war nicht zu Fuß unterwegs. Sie ist täglich bis zu 40 **Kilometer** auf Reiko, einem **vierjährigen** Rappen, geritten. Der Dobermann Tipo hat sie begleitet.

Auf die Frage, was denn am schwierigsten auf ihrer Reise war, sagte Belinda nach ihrer Ankunft: „Der **Ortswechsel** jeden Tag. Am Abend musste ich mit **leerem** Magen erst mal einen Schlafplatz und **Nahrung** für die Tiere finden – das war manchmal mühsam. Besonders in Paris. Hier hat uns schließlich ein Parkwächter aufgenommen. Kein Hotelbesitzer fand eine Engländerin mit zerzaustem **Haar** auf einem Pferd und in Begleitung eines **ausgewachsenen** Wachhundes besonders **sympathisch**."

Nun lächelt Belinda von den **Titelseiten** aller Zeitungen(,) und die drei Abenteurer sind **berühmt**.

Wörter zum Ableiten: unterwegs, täglich, vierjährigen, schwierigsten, sagte, Tag, musste, Platz, mühsam, schließlich, Wächter, Engländerin, lächelt

Weitere Wörter zum Einprägen: Abend, hier

Mögliche Vorgaben

Namen: Belinda Braithwate, Reiko, Tipo

Strategie: Einprägen

Übungsschwerpunkt: Lernwörter – gemischt

Die Geister der Ahnen

Wortzahl: 131

Wenn bei uns jemand Geburtstag hat, dann gratulieren alle. **Vielleicht** wird sogar eine **Party** gefeiert.

Auf einer Insel in der **Südsee** ist das ganz anders: Das **Volk** der Baiku **ehrt** nicht die Lebenden, sondern die Toten. Die Baiku glauben, dass die **Seelen** ihrer **Vorfahren** in den **Haien** weiterleben. Und sie feiern **extra** ein Fest für ihre **Ahnen**. Es heißt: „den **Hai** rufen". Dazu **fährt** ein **Erwachsener** allein in einem **Boot** aufs **Meer**. Dort bläst er auf einer großen Muschel. Der tiefe Ton lockt den **Hai** an. Der **gefährliche** Raubfisch schwimmt friedlich neben dem **Boot** und lässt sich sogar **berühren**(,) **ohne** sich zu **wehren**.

Auf uns wirkt das alles beinahe unheimlich, aber für die Baiku ist das **völlig** normal. **Wahrscheinlich** würden sie uns erstaunt fragen: „Wo sind denn die Geister eurer **Ahnen**?"

Wörter zum Ableiten: jemand, Tag, wird, Südsee, fährt, bläst, lockt, Raubfisch, friedlich, lässt, -ig

Großschreibung: die Lebenden, die Toten, ein Erwachsener

Mögliche Vorgaben

Name: Baiku

Zeichensetzung

Übungsschwerpunkt: Punkt, Frage- und Ausrufezeichen

Was tun?
Wortzahl: 148

Laura braucht Geld. Sie braucht sogar ziemlich viel Geld. In ihrer Spardose sind schon 200 Mark. Aber das reicht noch nicht. Was kann sie tun? Soll sie sich zum Geburtstag Geld wünschen? Aber bis dahin dauert es noch so lange. Ob sie sich von ihrer großen Schwester etwas leihen kann? Aber wie soll sie das dann wieder zurückzahlen? Und dabei braucht sie das Geld so dringend.

Ob sie Zeitungen austragen kann? Nein, das geht nicht. Dazu muss man 14 Jahre alt sein. Sie ist aber erst elf. Vielleicht kann sie manchmal auf das Baby ihrer Tante aufpassen. Wie viel würde sie dafür bekommen? Und wie oft müsste sie das dann machen?

Da kommt ihr die rettende Idee. Ihre Oma hat ihr für jede Eins in einer Klassenarbeit zwei Mark versprochen. Das ist es! Wie gut, dass ihr das eingefallen ist!

Laura wird nachdenklich. Ist das Geld nicht zu schwer verdient?

Wörter zum Ableiten: viel, kann, soll, Tag, dringend, geht, muss, müsste, kommt, wird, verdient

Wörter zum Einprägen: ziemlich, viel, zurückzahlen, vielleicht, Baby, Idee, ver-,

Großschreibung: jede Eins

Mögliche Vorgaben

Name: Laura

Zeichensetzung

Übungsschwerpunkt: Komma bei Aufzählung

Ostern
Wortzahl: 147

Endlich ist der Winter vorbei. In den Gärten vor den Häusern blühen Osterglocken, Tulpen **und** Goldregen. Der Frühling ist Carmens liebste Jahreszeit. Außerdem mag sie Ostern. Das Verstecken **und** Suchen der Ostereier macht einfach riesigen Spaß.

Am Ostersamstag färben Carmen **und** ihre Mutter Eier, backen Kuchen **und** stellen Blumen ins Wohnzimmer. Auf einmal wird der Himmel ganz dunkel. Groß, grau **und** schwer türmen sich die Wolken. Bei so einem Wetter kann man draußen keine Ostereier verstecken. Schade!

Am Ostermorgen wacht Carmen früh auf. Sie läuft zum Fenster, zieht den Vorhang auf **und** sieht hinaus. Welch ein Glück! Der Himmel leuchtet blau, die Sonne strahlt, weit und breit sind keine Wolken zu sehen. Und da schleicht doch tatsächlich ihr Vater durch den Garten. Er trägt einen Korb voller bunter Eier, Schokoladenhasen **und** kleinen Päckchen. Schnell kuschelt sich Carmen wieder in ihr Bett **und** träumt von vielen süßen Ostereiern.

Wörter zum Ableiten: endlich, Gärten, Häuser, Gold, Frühling, Spaß, Tag, färben, wird, groß, kann, früh, sieht, Glück, tatsächlich, Korb, Päckchen

Wörter zum Einprägen: ver-, sieht, strahlt, vielen

Großschreibung: das Verstecken, das Suchen

Mögliche Vorgaben

Name: Carmen

Zeichensetzung

Übungsschwerpunkt: Komma bei Aufzählung

Eine merkwürdige Geschichte   Wortzahl: 162

Ein Junge musste am Sonntagnachmittag immer mit seinen Eltern spazieren gehen. Viel lieber hätte er gelesen, gespielt **oder** ferngesehen! Er bat, bettelte **und** flehte – es half nichts.

Der Sonntag kam(,) und die Familie ging spazieren. Als sie so durch den Wald wanderten, kamen sie an ein großes, altes Haus. Die Tür öffnete sich(,) und der Junge lief neugierig hinein. Er sah durch eins der vielen Fenster in den Garten. Manche Bäume darin hatten blaue, quadratische Blätter **und** dicke, kurze, rote Stämme. Andere hatten nur Blüten: gelbe, weiße, gestreifte **oder** gefleckte.

In dem Gartenteich schwammen schwarze, braune **und** lila Frösche. Manche quakten, andere pfiffen, einige brummten **und** drei oder vier quiekten wie kleine Ferkel. Ein kleiner schwarzer Frosch sprang aus dem Wasser und hüpfte schnell **und** immer schneller auf das Haus zu.

Dabei wurde er größer, dicker **und** hellblau. Freundlich lächelte er den Jungen an. Das sah so komisch aus, dass der Junge laut lachen musste. Und davon ist er dann leider aufgewacht.

Wörter zum Ableiten: m**uss**te, Ta**g**, **v**iel, **h**ätte, ges**p**ielt, fl**eh**te, gin**g**, öff**ne**te, neugieri**g**, s**ah**, Bl**ä**tter, St**ä**mme, gefle**ck**te, brumm**t**en, qu**ie**kten, he**ll**, lächelte

Wörter zum Einprägen: viel, lila

Übungsschwerpunkt: wörtliche Rede

Das Kätzchen und die Stricknadeln

Wortzahl: 179

Es war einmal eine arme Frau, die sagte eines Tages zu ihrer Tochter: „Ich will in den Wald gehen und Feuerholz sammeln."

Den ganzen Tag sammelte sie Holz. Auf dem Heimweg bemerkte sie neben dem Stamm einer Tanne ein weißes Kätzchen. Es jammerte kläglich. Da hob die Frau das Kätzchen auf und nahm es mit.

Zu Hause fragte ihre Tochter: „Warum hast du das Kätzchen mitgebracht?" – „Es hat Hunger und friert", antwortete die Mutter. „Leg es ans Feuer und gib ihm Milch."

Durstig trank das Kätzchen die ganze Milch aus und schlief ein. Am nächsten Morgen war es verschwunden.

Wieder ging die Frau Holz sammeln. Bei der großen Tanne stand eine Prinzessin in einem weißen Kleid. Sie sagte zu der Frau: „Du hast dem Kätzchen geholfen. Zum Dank mache ich dir ein Geschenk." Sie gab der Frau vier Stricknadeln. Die Frau bedankte sich und ging nach Hause.

Am nächsten Morgen lagen Strümpfe neben den Stricknadeln auf dem Tisch und von da an jeden Tag. Bald konnten sie Strümpfe verkaufen und kamen zu Wohlstand. Das war der Dank des Kätzchens.

Wörter zum Ableiten: sagte, will, Tag, Weg, Stamm, kläglich, hob, friert, gib, durstig, stand, gab, konnten, Wohlstand

Wörter zum Einprägen: nahm, gib, nächsten, ver-, Wohlstand

Übungsschwerpunkt: wörtliche Rede

Ding Dong
Wortzahl: 166

In unsere Klasse soll ein Neuer kommen. Wir sind neugierig. „Wieso kommt er erst jetzt?", fragt Miriam. „Kann er gut Fußball spielen?", ruft Sebastian. „Neben wem soll er sitzen?", frage ich. Neben mir ist nämlich noch ein Platz frei.

Am Montag sitzt an meinem Tisch ein Junge mit schwarzen Haaren und schwarzen Augen. „Hallo", sage ich. „Ich bin Ben und du?" Der Junge streckt mir seine Hand hin und antwortet: „Ich heiße Dong. Wie die Glocken läuten: ding dong." Ich muss lachen. Witzig ist der Neue ja.

„Wo kommst du her?", frage ich. „Aus Frankfurt. Mein Vater hat hier eine neue Arbeit gefunden. Deshalb sind wir umgezogen." Ich will es genauer wissen: „Aber wo kommst du ursprünglich her?"

„Ach so", meint Dong. „Meine Eltern stammen aus Vietnam. Aber ich war noch nie dort. Ich bin in Frankfurt geboren."

Frau Klein kommt in die Klasse. Dong kann gerade noch fragen: „Spielt hier jemand Fußball?", da ruft Frau Klein ihn zu sich. Ich glaube, Dong ist in Ordnung.

Wörter zum Ableiten: soll, neugierig, kommt, kann, Platz, Tag, sitzt, streckt, läuten, muss, witzig, kommst, will, spielt, jemand

Wörter zum Einprägen: nämlich, hier, Ordnung

Großschreibung: ein Neuer, der Neue

Mögliche Vorgaben

Namen: Sebastian, Miriam, Ben
Vietnam, Frankfurt

Zeichensetzung

Übungsschwerpunkt: Komma bei Relativsätzen

Der Brief, der in der Küche lag

Wortzahl: 124

Heute Mittag lag dieser Brief auf dem Küchentisch:

Lieber Tobias, liebe Heike,

wir sind zu Oma gefahren. Sie hat sich ein Bein gebrochen. Es geht ihr aber wohl ganz gut. Das hat der Arzt, **der** sie operiert hat, am Telefon gesagt.

Euer Mittagessen ist vorbereitet. Die Tomatensoße ist in dem gelben Topf auf dem Herd. Die Nudeln, **die** in der blauen Schüssel auf dem Tisch stehen, könnt ihr mit der Soße aufwärmen.

Tobias, denk bitte an dein Training heute Nachmittag. Nimm die Sportsachen mit, **die** auf deinem Bett liegen. Die anderen Hosen sind schmutzig.

Heike, räum bitte dein Zimmer auf. Stell bitte vor allem die Bücher wieder weg, **die** überall herumliegen.

Wir sind zum Abendessen wieder zurück.

Bis dann! Schöne Grüße auch von Papa!

Wörter zum Ableiten: Ta**g**, **geh**t, operier**t**, gesa**gt**, Her**d**, kön**nt**, aufw**ä**rmen, schmutzi**g**, R**äu**m!, Ste**ll**!, **ü**berall

Wörter zum Einprägen: ge**f**ahren, wo**h**l, **T**raining, Ni**mm**!, Aben**d**, zurüc**k**

Mögliche Vorgaben

Namen: Tobias, Heike

Zeichensetzung

Übungsschwerpunkt: Komma bei Relativsätzen

Der Dackel, den keiner mehr wollte   Wortzahl: 155

Jeden Dienstag fährt Frau Mader zum Supermarkt zum Großeinkauf. Ihr Schäferhund Asko bleibt immer im Auto zurück.

Doch an diesem Dienstag war alles anders: Der Hund sprang sofort aus dem Wagen und lief zu den Containern, **die** am Rande des Parkplatzes standen. Frau Mader wollte Asko fortziehen von den leeren Flaschen und alten Zeitungen, **die** um die Behälter herum auf dem Boden lagen. Doch Asko gehorchte nicht.

Schließlich schaute Frau Mader sich den Papiercontainer, **vor dem** ihr Hund so aufgeregt bellte, doch genauer an. Durch eine der Öffnungen des Containers versuchte sie(,) etwas zu erkennen. Und da gab es wirklich etwas zu sehen: Auf dem Altpapier lag zitternd ein Dackel.

Frau Mader verständigte den Leiter des Supermarktes. Der rief bei der Entsorgerfirma an, **die** auch sofort einen Mann schickte. Endlich konnte der Dackel, **den** seine Besitzer offenbar auf diese Weise loswerden wollten, befreit werden.

Nun fährt Frau Mader jeden Dienstag mit zwei Hunden zum Großeinkauf.

Wörter zum Ableiten: Tag, fährt, groß, Schäferhun**d**, bleib**t**, Behäl**t**er, schl**ie**ßlich, Pap**ie**r, aufgereg**t**, bell**t**e, Öffnung, ga**b**, zitter**nd**, verständig**t**e, rief, schick**t**e, endli**ch**, kon**n**te

Wörter zum Einprägen: Dienstag, fährt, zurück, leer, ver-

Mögliche Vorgaben

Namen: Frau Mader, Asko

Fremdwort: Container

109

Zeichensetzung

Übungsschwerpunkt: Komma bei dass-Sätzen

Ein Amerikaner in Deutschland   Wortzahl: 152

Schon seit geraumer Zeit lebt ein kleiner Amerikaner in unseren Wäldern. Es kann aber gut sein, **dass** ihr ihm noch nie begegnet seid. Denn dieser Amerikaner ist vor allem nachts unterwegs und sehr scheu. Es ist der Waschbär. Wusstet ihr überhaupt, **dass** er in Deutschland vorkommt?

In Amerika streift der neugierige Bär durch Gärten und frisst Essensreste. In Europa dagegen verkriecht er sich in die dichtesten Wälder. Vielleicht merkt er ja, **dass** er nicht bei allen beliebt ist.

Die Jäger bekämpfen ihn. Sie behaupten, **dass** der Waschbär Waldvögel jagt. Das stimmt aber nicht. Er ernährt sich hauptsächlich von Insekten und Mäusen.

Es ist erstaunlich, **dass** das nachtaktive Tier im Dunkeln gar nicht gut sehen kann. Es kommt vor, **dass** er seine Beute nicht genau erkennt. Dann prüft er sie gründlich mit den Händen, bevor er sie frisst. Früher glaubten die Menschen, **dass** der Bär sein Futter wäscht. Deshalb nannten sie ihn Waschbär.

Wörter zum Ableiten: leb**t**, ka**nn**, be**g**e**g**net, unterwe**g**s, wuss**t**et, Lan**d**, komm**t**, Gärten, fri**ss**t, k**r**iecht, **J**äger, bek**ä**mpfen, sti**mm**t, hauptsächlich, erke**nn**t, grün**d**lich, wäsch**t**

Wörter zum Einprägen: sei**d**, Bär, **v**er-, **v**ielleicht, ern**ä**hrt, akti**v**

Zusammenschreibung: nachtaktiv

Großschreibung: im Dunkeln

Zeichensetzung

Übungsschwerpunkt: Komma bei Aufzählungen, Relativsätzen und dass-Sätzen

Alte Freunde
Wortzahl: 126

Seit wann leben Hunde bei den Menschen? Diese Frage kann man bis heute nicht genau beantworten. Aber man weiß, **dass** der Hund den Menschen schon vor langer Zeit gefolgt sein muss. Es gibt Beweise dafür, **dass** er sich in der Nähe ihrer Siedlungen aufgehalten hat. Wahrscheinlich wurden neugeborene Tiere von Menschen gefangen und aufgezogen.

Erwiesen ist, **dass** der Hund schon vor 15 000 Jahren an der Seite des Menschen lebte. Man hat menschliche Skelette und Hundeskelette nebeneinander gefunden, **die** so alt sind.

Stammt der Haushund vom Wolf, vom Wildhund **oder** vom Schakal ab? Bisher gibt es auch auf diese Frage keine eindeutige Antwort. Forscher, **die** sich mit dieser Frage beschäftigen, haben bis heute noch keine Überreste eines Tieres gefunden, **das** der wilde Vorfahre des Hundes gewesen sein könnte.

Wörter zum Ableiten: kann, gefolgt, muss, gibt, Nähe, Siedlung, lebte, stammt, wild, könnte

Wörter zum Einprägen: weiß, gibt, wahr, beschäftigen, Vorfahre

Mögliche Vorgaben

Name: Schakal

Fremdwort: Skelette

Zeichensetzung

Übungsschwerpunkt: Komma bei dass-Sätzen

Wie schön, dass es ihn gibt
Wortzahl: 135

Jeder kennt den Weihnachtsmann. Aber wo wohnt er? Die meisten Leute glauben, **dass** er irgendwo im Norden zu Hause ist.

In Finnland denkt man, **dass** der Weihnachtsmann in Lappland lebt. Die Dänen sind sicher, **dass** er aus Grönland kommt. In Norwegen kann man den Weihnachtsmann sogar besuchen. Es heißt, **dass** er in einer Kleinstadt in einer ehemaligen Kirche wohnt.

Die Schweden haben ihren Weihnachtsmann, der „Tomte" heißt, in einem Museum untergebracht. Es ist das ganze Jahr geöffnet. Alle Besucher hoffen, **dass** Tomte in der Cafeteria sitzt und sich vielleicht mit ihnen fotografieren lässt.

In Schweden glaubt man, **dass** jedes Haus seinen eigenen Tomte hat. Das sind hilfreiche Zwerge mit roten Zipfelmützen. Vielleicht gibt es deshalb so viele Weihnachtsmänner. Da macht es auch nichts aus, **dass** manche von ihnen nur Vaters Bademantel und seine Gummistiefel anhaben.

Wörter zum Ableiten: ken**nt**, Finnland, Lappland, lebt, Grönland, kom**m**t, kann, geöffnet, sitzt, lässt

Wörter zum Einprägen: Weihnachten, irgen**d**wo, Dänen, Sta**d**t, **v**ielleicht, **v**iele, Gu**mm**i

Mögliche Vorgaben

Name: Tomte

Fremdwort: Cafeteria